KB196149

군주론 인생 공부

군주론
인생 공부

보고 듣고 알고 있는 모든 것을 의심하라

인문학자 김태현 지음

마키아벨리 원작

PASCAL

군주론이란?

니콜로 마키아벨리(Niccolò Machiavelli)의 《군주론》
(Il Principe)은 16세기 이탈리아에서 탄생한 정치 철학의
고전으로, 정치권력의 획득과 유지를 중심으로 국가 통치
의 현실적인 방법론을 제시한 작품입니다. 마키아벨리는
이 책을 통해 인간 본성에 대한 냉철한 분석과 현실주의
적 통치를 강조하며, 윤리적 이상보다 실질적 효과를 중시
하는 '마키아벨리즘(Machiavellism)'이라는 사상을 형성했
습니다.

《군주론》은 군주가 어떻게 권력을 잡고 유지할 수 있
는지를 구체적인 사례를 통해 이야기하고 있습니다. 군주
는 도덕적일 필요가 없으며, 목적을 달성하기 위해서는 수

단과 방법을 가리지 않아야 한다고 주장합니다. 특히 마키 아벨리는 인간이 본래 이기적이고 변덕스럽다는 전제하에, 군주는 그들의 본성을 잘 이해하고 적절히 이용해야 한다고 강조합니다. 그는 "목적이 수단을 정당화한다"라는 유명한 명제를 통해, 권력 유지와 정치적 안정을 위해서라면 비도덕적 행위도 용인될 수 있음을 시사합니다.

《군주론》은 당시의 정치적 혼란과 권력 투쟁 속에서 실용적인 통치 지침으로 자리 잡았으며, 오늘날까지도 정치학과 경영학 등 다양한 분야에서 중요한 참고 자료로 여겨집니다. 또한 이 책은 권력의 본질과 인간의 본성을 날카롭게 파헤치며, 이상주의적 철학과는 대조되는 현실주의적 정치 철학의 기초를 다진 작품으로 평가받고 있습니다. 《군주론》은 1559년에 로마 가톨릭 교회의 금서 목록(Indice dei libri proibiti)에 포함되었으며, 1966년 금서 목록이 공식적으로 폐지될 때까지 금지된 상태였습니다. 하지만 현재는 하버드, 옥스퍼드, MIT 대학의 필독서로 선정되었으며, 〈타임〉지와 〈뉴스위크〉가 선정한 세계 100대 도서로 500년간 전 세계 리더들이 가장 많이 사랑한 책 중의 한 권입니다.

군주론에 대한 평가

☑ **니체**(*Friedrich Nietzsche*)

니체는 마키아벨리의 《군주론》을 매우 높이 평가하며,
"마키아벨리는 인간의 본성을 정확히 꿰뚫어 본 철학
자이며, 그의 정치적 통찰은 냉정하고도 실용적인 현
실주의의 전형이다"라고 언급했습니다.

☑ **나폴레옹 보나파르트**(*Napoleon Bonaparte*)

나폴레옹은 《군주론》을 매우 애독했다고 전해지며,
특히 전쟁과 권력 유지에 대한 마키아벨리의 조언을
실천에 옮기기도 했습니다.

☑ **이오시프 스탈린**(*Joseph Stalin*)

스탈린은 마키아벨리의 사상을 정치적 전략의 모델로
삼았으며, 《군주론》을 국가 지도자가 가져야 할 현실
적 지침서로 간주했습니다.

☑ **토머스 홉스**(*Thomas Hobbes*)

홉스는 자신의 저서 《리바이어던》에서 마키아벨리의

정치적 현실주의를 부분적으로 수용하며, 국가의 강력한 통치와 권력 유지를 강조한 그의 사상을 긍정적으로 평가했습니다.

☑ 벤저민 디즈레일리(*Benjamin Disraeli*)

영국의 총리였던 디즈레일리는 "《군주론》은 정치학의 진정한 바이블이다"라고 칭하며, 이 책은 정치가들에게 필수 지침서라고 평가했습니다.

☑ 프랜시스 베이컨(*Francis Bacon*)

베이컨은 마키아벨리를 "현대 정치 철학의 아버지"라고 칭송하며, 그의 사상이 정치 현실에서의 도덕적 고려를 탈피하는 중요한 전환점을 제공했다고 평가했습니다.

☑ 장 자크 루소(*Jean-Jacques Rousseau*)

루소는 마키아벨리를 "공화주의의 위대한 선생"으로 묘사하며, 그의 작품이 군주를 위한 것이라기보다는 공화국을 위한 경고로 읽혀야 한다고 주장했습니다.

이 책의 구성

이 책은 니콜로 마키아벨리의 《군주론》에 담긴 지혜를 현대 독자들에게 전달하기 위해 기획된 책입니다. 《군주론》은 인간의 본성과 권력의 본질을 꿰뚫는 통찰로, 수세기 동안 정치와 사회의 다양한 분야에서 깊은 영향을 미쳐왔습니다. 이 책에서는 마키아벨리의 《군주론》 이탈리아어판 초판 원문에서 군주론을 대표하는 42개 명제를 선정하여, 이를 현대적 시각에서 재해석하고, 오늘날 우리에게 어떤 교훈을 줄 수 있는지에 대해 탐구합니다.

각 꼭지는 하나의 명제를 중심으로 구성됩니다. 독자가 그 의미를 보다 쉽게 이해할 수 있도록 사례를 먼저 제시합니다. 이 사례들은 역사적 사건, 기업의 전략, 일상에서 쉽게 접할 수 있는 경험들로 이루어져 있으며, 이를 통해 마키아벨리의 명제를 오늘날 어떻게 적용할 수 있는지에 대한 구체적인 그림을 그려줍니다.

사례를 통해 명제의 실제적 의미를 체감하게 한 후, 이어서 그 명제에 대한 심층적인 해석을 제공합니다. 해석 부분에서는 마키아벨리의 철학적 배경과 함께, 해당 명제가《군주론》전체에서 어떤 맥락을 가지며, 그가 궁극적으로 전달하고자 했던 메시지가 무엇인지 설명합니다. 이러한 접근은 독자가 명제의 깊은 의미를 더 잘 이해하고, 이를 자신의 삶에 적용할 수 있도록 도와줄 것입니다.

마지막으로, 각 장의 끝에는 해당 명제에서 얻을 수 있는 교훈을 한 마디로 요약한 문장을 제시합니다. 이 요약은 명제가 전달하고자 하는 핵심 메시지를 간결하게 정리하여, 독자가 쉽게 기억하고 실천할 수 있도록 하는 역할을 합니다.

이 책은 마키아벨리의 지혜를 현대적인 시각에서 새롭게 조명함으로써, 독자들에게 실질적인 통찰과 영감을 제공하고자 합니다. 이 책을 통해《군주론》의 명제들이 단순한 역사적 기록이 아니라, 오늘날의 복잡한 사회에서도 여전히 유효한 지침임을 깨닫게 될 것입니다.

김태현

contents _____

수단과 목적을
구분하지 말아라

PART 2

복수는 상대가 두려워할 정도로
심하게 해야 한다

적은 항상 내부에 있으니
측근을 경계하라

때로는 도덕적 기준을
무시하고 행동하라

16세기 격랑의 유럽 속으로…

16세기 초반 이탈리아의 상황은 마키아벨리의 정치 철학을 이해하는 데 중요한 요소입니다. 이탈리아는 당대 유럽의 경제적, 문화적 중심지였지만, 정치적으로는 분열되어 있었고, 외세의 침략과 개입으로 끝이 보이지 않는 혼란을 겪고 있었습니다. 마키아벨리는 바로 이러한 복잡한 정치적 환경 속에서 군주론을 집필하며 이 혼란 속에서 군주가 어떻게 행동해야 하는지에 대한 실용적이고 냉철한 통찰을 제시했습니다.

16세기 이탈리아는 하나의 통일된 국가가 아닌, 여러 도시국가들로 나뉘어 있었습니다. 피렌체, 베네치아, 로마 교황령, 나폴리 왕국, 밀라노 공국 등 각 지역이 독립적인 도시국가로 자리하고 있었고, 각 군주는 자신의 권력을 유지하기 위해 다른 도시국가 및 외세와 끊임없이 경쟁했습니다.

피렌체는 마키아벨리의 고향이자 그가 주로 활동한 도시로, 메디치 가문이 통치하던 시기와 공화정이 부흥하던 시기를 거쳐 격동의 시기를 맞이했습니다. 베네치아는 상업과 해운의 중심지였고, 로마는 교황이 정치적 군주로서 통치하는 지역이었으며, 나폴리와 밀라노는 각각 외세의 개입에 의해 크게 흔들리고 있었습니다. 이러한 분열된 상태에서 이탈리아는 프랑스와 스페인의 끊임없는 군사적 개입에 시달리며 불안정한 상태를 이어갔습니다.

특히 프랑스는 1494년 샤를 8세(Charles VIII)가 이탈리아를 침략한 이후 지속적으로 군사력을 행사했고, 스페인은 나폴리 왕국을 장악해 이탈리아 내에서 강력한 영향력을 행사했습니다. 신성 로마 제국의 카를 5세(Charles V) 역시 프랑스와의 경쟁 속에서 이탈리아의 패권을 장악하려 했습니다. 이러한 외세의 개입은 이탈리아 도시국가들이 독립적으로 정치적 결정을 내리는 것을 어렵게 만들었고, 마키아벨리는 이 혼란 속에서 강력하고 효율적인 군주의 필요성을 강조하며 《군주론》이라는 명저를 집필하게 됩니다.

PART 1

수단과 목적을
구분하지 말아라

첫 번째는 목적이고
두 번째가 수단이다

"목적은 수단을 정당화한다."

"Il fine giustifica i mezzi."

-《군주론》 15장~17장 중에서-

윌리엄 셰익스피어의 비극인 《맥베스》에서 맥베스는 용맹한 전사이자 덩컨 왕의 충실한 신하였습니다. 그러나 어느날, 세 명의 마녀가 그에게 왕이 될 운명이라고 예언하자 그의 마음은 야망으로 불타오릅니다. 아내인 레이디 맥베스의 독려 속에서 그는 덩컨 왕을 암살하기로 결심합니다. 한밤중에 칼을 들고 왕의 침실로 들어선 맥베스는 두려움에 떨었지만, 결국 왕을 살해하고 왕위를 차지합니다. 그의 목적은 왕이 되는 것이었고, 그는 그 목적을 달성하기 위한 수단으로 살인을 저지릅니다. 그러나 그의 행동은 결국 그와 그의 주변 사람들에게 엄청난 비극을 초래합니다. 셰익스피어는 맥베스의 이야기를 통해 목적을 위해 비도덕적 수단을 사용하는 것에 대한 질문을 던집니다.

마키아벨리의 《군주론》은 맥베스의 수단으로써의 행동을 비도덕적이라고만 평가하지 않습니다. 이는 "목적은 수단을 정당화한다"라는 마키아벨리의 현실주의적 정치 철학 전반을 잘 요약한 개념으로도 알 수 있습니다. 마키아벨리는 통치자가 이상적인 도덕성과 현실 정치 사이에서 선택을 해야 하는 상황에 직면할 때, 국가의 이익과 안정성을 위해 비도덕적인 수단도 정당화할 수 있다고 주장합니다. 예를 들어 국가의 안정을 위해 거짓말이나 배신, 폭력 등 비윤리적인 수단을 사용하는 것도 필요하다고 이야기합니다.

16세기 이탈리아는 여러 작은 도시국가로 나뉘어 있던 시기였습니다. 이 도시국가들은 베네치아, 피렌체, 밀라노, 나폴리, 로마 교황령 등으로 각각 독립적인 정권을 유지하고 있었습니다. 그러나 이러한 이탈리아 도시국가들은 내부의 권력 다툼과 더불어 스페인, 프랑스, 신성 로마 제국 같은 외세의 침략에 시달렸습니다. 이탈리아는 정치적, 군사적 혼란이 끊이지 않았고, 도시 간의 경쟁과 분열로 인해 중앙집권화된 강력한 국가를 이루지 못했습니다.

니콜로 마키아벨리는 이러한 혼란 속에서 태어나 자라며, 피렌체에서 외교관과 공무원으로 활동했습니다. 당시 피렌체는 메디치 가문의 통치하에 있었고, 마키아벨리는 이 도시국가가 살아남기 위한 방법을 연구했습니다. 그는 피렌체와 같은 작은 도시국가들이 어떻게 외세의 침략에 맞서고 내부에서 안정성을 유지할 수 있을지에 대해 깊은 고민을 했습니다.

마키아벨리는 이러한 불안정한 정치 상황을 직시하며 현실주의적 정치관을 형성했습니다. 그는 이탈리아 도시국가들이 단순한 이상주의적 접근으로는 살아남을 수 없다는 사실을 깨달았고, 권력 유지와 정치적 생존을 위해서는 실용적이고 냉정한 결단이 필요하다고 주장했습니다.

"목적은 수단을 정당화한다"라는 마키아벨리의 가장 유명한 철학적 명제는 바로 이 맥락에서 등장합니다. 그는 군주가 생존을 위해서는 필요할 때는 기만, 폭력, 속임수와 같은 수단도 사용해야 한다고 주장했습니다.

즉, 어떤 상황에서 목적을 달성하기 위해 이용한 수단이 비윤리적이거나 논란의 여지가 있더라도 그 목적이 정당하다면 수단 또한 정당화될 수 있음을 강조합니다. 이는 특히 정치나 비즈니스와 같은 경쟁이 치열한 분야에서 자주 언급되며, 수단과 방법을 가리지 않고 목표를 달성하려는 행동을 정당화하려는 시도로 사용되기도 합니다.

군주론 인생 공부

이러한 상황을 맞닥뜨렸을 때 우리는 다음과 같은 중요한 질문들을 마주하게 됩니다. "목적이 정말로 수단을 정당화할 수 있는가?", "어떤 목적이든 정당화될 수 있는가?", "정당화될 수 있는 수단의 한계는 어디까지인가?" 이러한 질문들은 우리 사회의 도덕적, 윤리적 딜레마를 그대로 반영합니다. 예를 들어 기업이 단기적인 이익을 위해 환경을 파괴하는 행위를 할 때, 그들이 이익 추구를 위해 환경 파괴라는 수단을 택하는 것이 과연 정당화될 수 있을까요?

현대 사회에서 "목적은 수단을 정당화한다"라는 개념은 더 복잡한 양상을 띠고 있습니다. 우리는 다양한 윤리적 기준과 법적 규제를 통해 어떤 수단이 정당화될 수 있는지에 대해 더욱 면밀히 검토하고 있습니다. 가령 의료 연구에서 새로운 치료법을 개발하기 위해 동물 실험이 필요할 때, 그 실험이 동물에게 고통을 주더라도 궁극적인 목적이 인간의 건강을 증진시키는 것이라면 정당화될 수 있는가에 대한 논의가 계속되고 있습니다. 이러한 경우, 연구자들은 윤리 위원회의 심의를 거쳐야 하며, 동물복지법을 준수해야만 할 것입니다.

또한, 비즈니스 세계에서도 기업의 이익을 위해 비윤리적인 수단을 사용하는 것이 정당화될 수 있는지에 대한 논의가 있습니다. 과거와 달리 현대의 많은 기업이 사회적 책임을 강조하며, 윤리적 경영을 통해 장기적으로 신뢰를 쌓고 지속

가능한 성장을 추구하고 있습니다. 이는 단기적인 이익보다 장기적인 성장과 지속가능성이 기업의 궁극적인 목적임을 보여주며, 이에 따라 수단 또한 재조정되고 있음을 반영합니다.

결론적으로, 마키아벨리는 여전히 우리에게 중요한 질문을 던지고 있습니다. 목적을 달성하기 위해 어떤 수단이 정당화될 수 있는지에 대한 답은 상황에 따라 다를 수 있으며, 그 판단과 책임은 사회 전체의 도덕적, 윤리적 기준에 따라 장기적이고 다층적인 관점에서 이루어져야 합니다.

목적이 수단을 정당화할 때도 있다

02

힘보다는
속임수가 더 좋다

**"속임수로 얻을 수 있는 것을
결코 무력으로 얻으려 하지 마라."**

"Mai tentare di vincere con la forza ciò che può essere vinto con l'inganno."

－《군주론》 18장 중에서－

　호메로스의 서사시 《일리아스》에 등장하는 트로이 전쟁의 트로이 목마 이야기는 마키아벨리가 전하고자 했던 이야기의 시놉시스라고 할 수 있습니다. 그리스군은 트로이를 오랜 시간 공격했으나 성벽을 뚫지 못하고 전쟁은 교착 상태에 빠져 있었습니다. 이때 그리스군은 계속해서 무력을 사용하는 대신 속임수를 쓰기로 결정합니다. 그들은 거대한 나무로 만든 말 안에 병사들을 숨겨두고, 나머지 군대는 철수하는 척합니다. 트로이인들은 이 말을 전리품으로 생각하고 성 안으로 들였고, 밤이 되자 그 안에 숨어 있던 그리스 병사들이 나와 성문을 열어 그리스 군대를 성 안으로 들여보냅니다. 이로 인해 트로이는 함락되었고, 그리스는 전쟁에서 승리할 수 있었습니다. 이 이야기는 속임수가 때로는 무력보다 더 효과적일 수 있음을 잘 보여주고 있습니다.

위 사례처럼 마키아벨리도 군주가 단순히 힘에만 의존하지 않고, 속임수나 기만술을 사용할 것을 권장했습니다. 비용이 많이 들고 불확실한 결과를 초래할 수 있는 무력 충돌보다는 속임수를 통해 상대를 무너뜨리는 것이 좀 더 효율적이고 확실한 방법이기 때문입니다. 이는 그의 정치적 실용주의와 권력 유지에 대한 철학을 잘 보여줍니다. 마키아벨리는 정치에서 도덕적 기준을 적용하는 것이 군주의 생존을 보장해 주지 않는다는 것을 강조하며, 필요할 때는 기만적인 방법도 사용할 수 있어야 한다고 주장했습니다.

마키아벨리가 살던 당시의 이탈리아는 외세의 압력과 내부 분열 속에서 살아남기 위해 기만과 외교술을 적절히 사용해야 하는 상황이었고, 이는 마키아벨리의 정치 철학이 형성되는 중요한 배경이 되었습니다.

마키아벨리는 《군주론》에서 이상적인 군주로 체사레 보르자(Cesare Borgia)를 자주 언급하며, 그의 정치적 교활함과 강력한 통치 전략을 높이 평가합니다. 체사레의 가장 유명한 사례 중 하나는 세나갈리아 사건으로, 그는 이 사건에서 속임수를 사용해 정치적 라이벌들을 제거함으로써 권력을 확장하는 데 성공했습니다.

체사레 보르자는 교황 알렉산드로 6세의 아들로, 군사적, 정치적 권력을 확장하면서 중부 이탈리아에서 상당한 영향력을 행사하고 있었지만, 그의 지배력은 정치적 라이벌들에 의해 위협받고 있었습니다. 특히, 그의 경쟁자인 올리베로토 디 페르모(Olivetto da Fermo)와 비텔로초 비텔리(Vitellozzo Vitelli)는 체사레의 통치에 불만을 품고 있었으며, 그에게 맞서기 위한 반란을 준비하고 있었습니다. 체사레는 그들의 반란 기도를 미리 눈치 채고, 이를 물리적 충돌 없이 해결할 방법을 고민했습니다. 체사레는 고민 끝에 교활한 책략을 꾸며 세나갈리아에서 회담이라는 명목으로 올리베로토와 비텔리를 초대했습니다. 이 회담은 마치 평화적 협상처럼 보였고, 그들의 경계를 무너뜨리는 데 성공 했습니다. 체사레는 회담을 진행하는 동안 그들에게 친절하고 정중하게 대하며, 앞에서는 그들이 자신을 신뢰하게 만들고, 뒤에서는 이들을 제거할 계획을 세우고 있었습니다.

회담이 끝난 후, 체사레는 기다리고 있던 군사들에게 명령을 내려 이 두 명의 라이벌을 체포했습니다. 그들은 체포되자마자 즉시 처형되었으며, 이를 통해 체사레는 불필요한 전쟁이나 군사적 충돌 없이 정치적 라이벌을 제거하는 데 성공했습니다. 이러한 행동은 체사레의 통치 전략에서 속임수와 무자비함이 어떻게 사용되는지를 보여줍니다.

이러한 전략은 오늘날의 비즈니스와 인간관계 및 정치 등에서도 응용 가능합니다. 비즈니스 경쟁에서는 직접적인 가격 경쟁으로 시장 점유율을 높이기보다는 출시할 계획이 없는 제품이나 기술을 발표함으로써 경쟁사의 시장 진입을 방해하는 베이퍼웨어(Vaporware) 전략을 사용할 수도 있습니다. 예를 들어, 경쟁사가 비슷한 제품을 출시할 때 즈음에 경쟁 제품보다 더 우수한 신제품을 곧 출시할 예정이라고 허위 발표하여 시장의 관심을 자사로 돌리고, 경쟁사의 판매 기회를 방해하는 방법입니다. 이 방법은 결국 자사 제품이 나오지 않거나 출시가 연기되더라도 이미 경쟁사의 입지를 약화시키는 데 성공했으므로 전략적인 면에서는 경쟁에서 우위를 점했다고 할 수 있습니다. 경쟁사에 무력으로 대응하려는 시도는 종종 불필요한 비용과 자원을 소모하게 만들지만, 교묘한 전략은 비용을 최소화하면서도 목표를 달성할 수 있게 합니다.

인간관계에서 라이벌과의 갈등은 피할 수 없는 일입니다. 어떤 상황에서는 직접적인 대결이 불가피해 보일 수 있지만, 실제로는 우회적인 속임수 전략이 더 효과적이고 지속적인 이점을 가져올 수 있습니다. 라이벌을 공격하는 가장 교묘한 방법 중 하나는 소문을 통해 간접적으로 그들의 신뢰를 흔드는 것입니다. 소문은 빠르게 퍼지고, 한 번 퍼진 의심은 쉽

군주론 인생 공부

게 사라지지 않습니다. 특히 사회적 관계에서 신뢰와 평판은 매우 중요하기 때문에, 이러한 방식은 직접적인 충돌보다 훨씬 더 효과적입니다. 또 정치적인 전략 측면에서 볼 때, 선거에서 상대 후보를 공개적으로 공격하기보다는 상대 후보에게는 없는 자신의 강점을 부각시킴으로써 자연스럽게 비교를 유도하여 유권자들에게 긍정적인 이미지를 심어주는 것이 더 효과적일 수 있습니다.

결국 단순한 힘의 사용보다는 지혜롭고 교묘한 접근 방식을 취하는 것이 더 나은 결과를 가져올 수 있습니다. 무력을 사용하는 것은 때로는 상황을 더 악화시킬 수 있으며, 불필요한 갈등과 희생을 초래할 수 있습니다. 반면에 전략적 사고로 접근한다면 상대방의 약점을 공략할 수 있으며, 최소한의 노력으로 최대의 효과를 거둘 수 있습니다.

마키아벨리가 이야기한 것처럼 상황에 따라 우리는 힘을 빼고, 그것이 비록 속임수일지라도 유연하게 대처하는 방법을 숙고해야 합니다.

전략적 사고와 기만전술을 적극 이용하라

03

두려움을
적극 이용하라

> "군중에게 사랑받는 것과 두려움을 받는 것 중
> 하나를 선택해야 한다면,
> 두려움을 받는 것이 더 안전하다."
>
> "È meglio essere temuti che amati, se non si può essere entrambi."
>
> —《군주론》 17장 중에서—

조지 오웰의 소설 《1984》에서 전체주의 국가의 지도자인 '빅 브라더'는 두려움의 대상으로 절대적인 권력을 유지합니다. 이 세계에서 빅 브라더는 사람들의 일거수일투족을 텔레스크린을 통해 감시하고 자유로운 사고는 철저히 억압합니다. 특히 2 + 2 = 5라고 강요하는 장면은 당의 절대적 권력을 상징적으로 보여줍니다. 권력은 개인의 합리적인 사고와 진실을 왜곡함으로써 당이 진리라고 주장하는 모든 것을 받아들이게 만들고, 이로써 사회 구성원들은 절대 권력 아래 비합리적인 명제조차도 진실이라고 믿게 됩니다. 대중들은 언제 어디서든 감시받고 있다는 두려움 속에서 살아가며, 그 두려움은 빅 브라더에 대한 절대복종으로 이어집니다. 이 책을 읽다 보면 두려움에 기반한 통치가 어떻게 사람들의 행동을 제어하고, 사회를 통제하는지 알 수 있습니다.

마키아벨리도 군주가 군중에게 사랑받는 것이 가장 이상적이지만, 소설 《1984》의 빅 브라더처럼 현실적으로는 두려움의 대상이 되는 것이 군중을 다스리는 데 더 효과적이라고 강조합니다. 군주에 대한 사랑은 때에 따라 쉽게 변할 수 있고, 군중들은 자신의 이익에 따라 언제든 군주를 배신할 수 있지만, 군주에 대한 두려움을 기반으로 하는 통치는 훨씬 더 강력하고 안정적인 통제 수단이기 때문입니다. 그는 군중이 사랑으로 인해 군주에게 충성을 바치는 것보다는 두려움으로 인해 반역하지 않는 것이 군주의 생존에 더 유리하다고 판단했습니다.

마키아벨리는 기본적으로 인간의 본성은 이기적이며, 자신에게 이익이 되는 방향으로 움직인다고 보았습니다. 따라서 군주는 군중의 감정에 의존하기보다는, 두려움을 통해 군중이 군주의 명령을 따르게 만들어야 한다고 주장했습니다. 다만 그는 두려움을 주는 군주라도 증오의 대상이 되는 것은 경계해야 한다고 덧붙였습니다. 증오를 받는 군주는 결국 신하나 군중들이 반란을 일으키게 만들 수 있기 때문에, 군주는 두려움과 사랑 사이에서 균형을 잘 유지해야 하지만, 어느 한쪽을 선택해야 한다면 두려움이 더 안정적인 선택이라는 것입니다.

《군주론》에서는 레미로 데 오를코의 사례를 이야기합니다. 체사레 보르자는 이탈리아 중부의 로마냐 지역을 장악했는데, 그곳은 혼란과 무질서가 가득했던 지역으로 군사적 통제와 안정과 질서 확립이 시급한 상황이었습니다. 체사레는 이를 신속하게 해결하기 위해 잔인하고 결단력 있는 통치자가 필요하다고 판단했고, 고민 끝에 레미로 데 오를코를 임명했습니다.

오를코는 매우 가혹한 통치자로, 무자비한 방법을 사용하여 반대 세력을 제압하고 질서를 확립했습니다. 그는 반란의 가능성을 철저히 차단하고, 강압적인 방식으로 지역의 혼란과 무질서를 신속하게 탄압했습니다. 오를코의 잔혹한 통치 덕분에 로마냐는 빠르게 안정되었고, 체사레의 지배력은 확고해졌습니다. 레미로 데 오를코의 잔인한 통치 방식은 지역 주민들에게 강한 두려움을 심어주었고, 이를 통해 주민들은 반발이나 저항 없이 체사레의 명령에 복종하게 되었습니다.

마키아벨리는 군주가 질서를 유지하면서도 두려움을 주는 것이 중요하다고 강조했는데, 체사레는 오를코를 이용해 바로 이 점을 실현했습니다. 오를코는 잔혹한 방식으로 군주의 권위를 세우고, 군중들이 반란을 일으킬 생각조차 하지

군주론 인생 공부

못하도록 두려움을 앞세워 군중들을 통제했습니다.

한편으로 마키아벨리는 또한 군주가 두려움을 주되, 증오를 사지 않아야 한다고 경고했는데, 체사레는 이 점을 잘 이해하고 있었습니다. 레미로 데 오를코의 잔혹함이 한계를 넘자, 체사레는 오를코를 제거하기로 결정했습니다. 그는 오를코를 처형하여 다음 날 아침 로마냐 광장에 오를코의 두 조각난 시신을 전시함으로써 군중들이 체사레를 잔인한 통치자로 여기고 증오심을 품지 않게끔 행동을 취했습니다. 오를코는 체사레의 명령으로 처형되었고, 그의 죽음은 군중들에게 정의가 실현된 것처럼 보이게 만들었습니다.

이는 어떤 스타일의 리더십이 더 효과적인지와 관련된 문제로도 볼 수 있습니다. 예를 들어, 기업의 리더는 부드럽고 친절한 접근 방식으로 조직을 이끌 수도 있습니다. 하지만 때때로 강력한 결정을 내리고 단호한 태도를 취해야 할 상황에서도 리더가 친절하고 부드러운 태도로 일관한다면 조직 내 질서가 무너지고, 리더는 권위를 잃게 될 수도 있습니다. 그럴 바에는 차라리 단호하고 엄격하게 행동하여 조직원들에게 두려움의 대상이 되는 것이 조직의 안정과 질서를 유지하는 데 더 효과적일 수 있습니다.

다만 현대 사회에서 마키아벨리의 주장을 그대로 적용하

는 것은 문제를 일으킬 수도 있습니다. 두려움에 기반한 리더십은 단기적으로는 효과적일 수 있지만, 장기적으로는 조직 내 불신과 반발을 초래할 수도 있습니다. 따라서 좋은 리더는 단호함과 유연함 사이에서 균형을 맞추는 것이 중요합니다.

예를 들어 스타트업의 리더라면 혁신과 창의성을 장려하기 위해 자유롭고 친근한 분위기를 조성해 직원들의 사기를 복돋아 줄 수 있습니다. 하지만 중요한 결정이 필요할 때는 명확하고 단호한 태도로 조직을 이끌어야 합니다.

통치자는 군중의 사랑에 의존해서는 안 된다고 마키아벨리가 이야기했듯이, 현대 인간관계에서도 상대방의 감정에 지나치게 의존하거나 연민을 느끼는 것은 관계를 복잡하게 만들 수 있습니다. 상대방의 감정을 이해하는 것은 중요하지만, 자신의 원칙과 목표를 포기하는 대가로 상대의 감정을 우선시해서는 안 됩니다. 즉 사랑과 두려움 사이의 균형을 잘 맞추는 것이 마키아벨리 교훈의 핵심이라고 할 수 있습니다.

사랑보다 두려움이 효과적일 때가 있다

군주론 인생 공부

04

상황에 따라
약속을 재고하라

> **"군주는 언제든 자기가 한 약속을 깰**
> **정당한 권리가 있다."**
>
> "Un principe non manca mai di legittime ragioni per giustificare le sue rotture della parola."
>
> —《군주론》 18장 중에서—

모든 동물은 평등하다. 그러나 어떤 동물은 더 평등하다라는 명대사를 남긴 조지 오웰의 소설 《동물 농장》은 혁명후 동물들이 인간의 지배에서 벗어나 자신들만의 이상 사회를 건설하는 과정을 그리고 있습니다. 초기의 이상은 동물들이 평등하게 살아가는 사회를 만드는 것이었지만, 시간이 지남에 따라 지도자인 나폴레옹은 그 약속을 어기고 점점 독재적인 지배를 강화합니다. 나폴레옹은 자신과 돼지들만이 권력을 독점하고, 다른 동물들은 그들을 위해 일하게 만듭니다. 특히 돼지들은 인간과 비슷한 생활을 하며, 집에서 살고 더 많은 양식을 받으며, 결국 인간과 협력하는 데까지 이릅니다. 이는 나폴레옹이 동물들 간의 평등을 파괴하고, 자신의 권력과 특권을 강화하기 위해 약속을 어긴 대표적인 예입니다.

마키아벨리도 군주가 국가의 이익을 위해 약속을 지키는 것보다 더 중요한 일이 있을 때, 약속을 깰 수 있어야 한다고 주장합니다. 그는 군주는 필요에 따라 도덕적 규범이나 약속을 넘어서는 행동을 할 수 있다고 보고, 그것이 통치의 성공에 기여한다면 정당화될 수 있다고 이야기합니다.

마키아벨리가 활동하던 16세기 이탈리아는 정치적으로 권력을 유지하기 위해 수많은 동맹, 배신, 협상을 반복해야 했고, 약속을 지키기 어려운 상황도 빈번하게 발생했습니다. 이러한 혼란스러운 정치적 상황 속에서 마키아벨리는 군주가 도덕적인 규범보다는 실용적인 생존 전략을 따라야 한다고 보았습니다. 군주는 상황이 변할 때 자신의 이익이나 정치적 생존을 위해 약속을 변경하거나 깨야 할 필요가 있으며, 이는 정치적 현실에 적응하기 위한 불가피한 선택이라는 것입니다. 마키아벨리는 인간의 본성과 정치적 현실을 매우 냉철하게 분석했습니다. 그는 인간이 본질적으로 자신의 이익을 추구하고, 권력을 유지하기 위해서는 언제든지 도덕적 규범을 어길 수 있다고 보았습니다.

이 명제의 배경이 되는 대표적인 인물로 《군주론》에서는 교황 알렉산데르 6세를 언급하며 그를 속임수와 기만을 통해 정치적 목적을 달성한 대표적인 사례로 제시합니다. 알렉산데르 6세는 정치적 책략과 교활한 외교술을 통해 자신의 권력을 강화하고, 교회의 권위를 확장하는 데 성공했습니다. 그의 통치는 끊임없는 기만과 약속을 어기는 행위로 가득 차 있었지만, 마키아벨리는 그가 이런 방식으로 큰 성공을 이룬것이라고 평가합니다. 알렉산데르 6세는 종교 지도자였음에도 불구하고, 자신의 정치적 이익을 위해 동맹과 협정을 자주 깨고, 필요할 때마다 사람들을 속였습니다. 그는 겉으로는 평화와 협력을 주장하면서도, 내부적으로는 권력과 이익을 추구하기 위해 끊임없이 사람들을 조종했습니다. 그의 주요 전략 중 하나는 교황 선거에서의 권력 확장이었는데, 그는 자신의 아들 체사레 보르자를 이용해 이탈리아 중부를 정복하고 가문의 권력을 확립했습니다.

특히 이탈리아의 귀족들과의 관계에서 알렉산데르 6세는 가짜 동맹을 맺거나 협정을 체결한 후, 필요에 따라 그것을 깨는 방식으로 자신의 목표를 이루었습니다. 그는 정적들을 안심시킨 후 배신하고, 반대 세력 간의 분열을 조장해 자신의 입지를 강화했으며, 이런 기만적인 외교술을 통해 그는 정치적 이익을 극대화할 수 있었습니다. 알렉산데르 6세의 교묘한 외교술과 정치적 감각은 그를 성공적인 통치자로 만들어 주었습니다. 그는 상황을 정확히 파악하고, 자신에게 유리하다 싶을 때만 행동했습니다. 또한, 그는 자신이 어긴 약속을 대의를 위한 명분으로 치장하며, 항상 자신의 이익을 보호하는 데 주력했습니다. 이러한 그의 책략과 행동은 그가 권력 다툼 속에서 살아남고, 교황으로서 자신의 위치를 강화하는 데 큰 역할을 했습니다.

마키아벨리가 이야기한 것처럼 상황은 끊임없이 변하고, 예측할 수 없는 변화가 발생할 수 있기 때문에 과거의 약속에 얽매이기보다는 현재의 상황에 맞춰 행동을 조정하는 것이 필요합니다. 이는 윤리적 딜레마를 초래할 수 있지만, 최선의 결과를 얻기 위해 때로는 불가피한 선택을 해야 할 수도 있습니다.

오늘날 기업은 초기 단계에서 고객들과 했던 약속을 시장 환경이나 경영 전략의 변화로 인해 더 이상 지킬 수 없게 되는 상황에 처하면 교묘하게 약속을 지키지 않기도 합니다. 예를 들어, 어느 기업에 환경문제에 대한 논란이 발생했을 때, 기업은 실제로는 환경에 해로운 활동을 하고 있지만, 즉각적으로 친환경적인 이미지로 기업을 홍보해 소비자를 오도하는 방식입니다. 이러한 편법을 이른바 '가짜 친환경', 즉 그린워싱(Greenwashing) 마케팅 전략이라고 합니다. 일부 기업이 플라스틱 제품에 '재활용 가능'이라고 표시하지만, 실제로는 재활용이 어려운 소재를 사용하거나 재활용 시설이 부족한 경우가 이에 해당합니다.

이는 인간관계에도 적용할 수 있습니다. 처음에는 합리적이었던 약속도 시간이 지나면서 불합리하거나 상호 이익에 반하는 경우가 생길 수 있습니다. 인간관계에서 갈등이 생길 때, 무조건 약속을 지키려 하기보다는 약속을 재해석하고 새로운 현실에 맞춰 재협상하는 것이 중요합니다. 즉 마키아벨리의 철학에서 약속은 궁극적인 목적이 아니라 수단일 뿐이듯이, 현대 인간관계에서도 약속 자체가 목표가 아니라, 그 약속을 통해 이루고자 하는 것이 무엇인지를 명확히 하는 것이 중요합니다.

결론적으로, 마키아벨리는 과거의 약속이 현재의 상황에 맞지 않게 되면, 유연하게 대처하고 새로운 현실에 맞춰 행동을 조정해야 할 필요가 있다는 것을 강조합니다. 우리는 변화하는 환경 속에서 유연하게 대응하고, 필요에 따라 전략을 수정하여 지속적인 성공을 추구해야 합니다.

약속에 집착하지 말고 유연하게 대응하라

05

교활하면서도
용맹하라

"덫을 피하려면 여우처럼 교활해야 하고,
늑대를 물리치려면 사자처럼 강해야 한다."

"Il leone non può proteggersi dalle trappole, e la volpe non può difendersi dai lupi.
Bisogna quindi essere una volpe per riconoscere le trappole e un leone per spaventare i lupi."

―《군주론》 18장 중에서―

J.K. 롤링의 소설《해리 포터》시리즈에서 호그와트 마법 학교의 교장인 알버스 덤블도어의 리더십은 여우와 사자의 모습을 모두 담고 있습니다. 그는 지혜와 용맹함을 갖추고 학생들과 교사들, 전체 마법 세계를 보호합니다. 덤블도어는 여우처럼 교활하고 예리한 판단력으로 복잡한 상황을 해결하며, 어둠의 세력인 볼드모트와 그의 추종자들을 상대할 때는 사자처럼 강력하고 용맹하게 행동합니다. 여우의 지혜와 사자의 용맹함을 모두 갖춘 덤블도어는 학생들과 교사들에게 존경과 신뢰를 한 번에 받는 훌륭한 리더입니다.

마키아벨리는 군주가 성공적인 통치를 위해 두 가지 상

반된 성격을 동시에 가져야 한다는 점을 강조했습니다. 특히 '사자처럼 용맹하고, 여우처럼 교활해야 한다'라는 이 말은 마키아벨리가 말하는 군주의 덕목의 핵심이라고 할 수 있는 데, 성공적인 리더가 되기 위해서는 상황에 따라 교활함과 용맹함을 모두 갖추어야 한다는 의미입니다.

《군주론》에서 마키아벨리가 언급한 로마 황제 셉티미우스 세베루스(Septimius Severus)는 잔인함과 교활함을 결합하여 적들을 제거하고 제국을 안정시킨 대표적인 인물로, 마키아벨리의 현실주의적 정치 철학에 큰 영향을 미친 인물 중 한 명입니다. 세베루스는 193년부터 211년까지 로마 제국을 통치하며 강력한 군사적 지도력과 기만적인 정치 전략을 통해 로마 제국에 안정을 가져왔습니다. 그가 황제로 즉위할 당시 로마는 심각한 정치적 혼란과 권력 투쟁에 시달리고 있었습니다. 황제 콤모두스의 암살과 뒤이은 군대의 혼란으로 인해 로마에는 새로운 황제가 필요했는데, 이러한 상황에서 세베루스는 로마 제국 내에서 경쟁하던 여러 적들과 대적해야 했으며, 그 과정에서 자신의 정치적 생존을 보장하기 위해 잔인한 무력 사용과 교활한 책략을 적절히 활용해 권력을 장악합니다.

세베루스는 먼저 디디우스 율리아누스(Didius Julianus)를 제거하며 권력의 발판을 마련했습니다. 율리아누스는 비록 황제 자리에 올랐지만, 그의 약한 통치력과 지지세력은 그를 지켜주지 못했습니다. 세베루스는 무력으로 율리아누스의 세력을 압박하며 로마 원로원에게 암살을 요구했습니다. 그 결과 율리아누스는 제거되었고, 세베루스는 그의 자리를 이어받을 수 있었습니다. 이후 세베루스는 자신의 또 다른 경쟁자인 페스켄니우스 니게르(Pescennius Niger)와의 전쟁에서 잔인한 군사 전략을 사용했습니다. 그는 니게르와의 전투에서 무자비한 승리를 거둔 후, 니게르를 처형하고 그의 추종자들을 대규모로 처벌했습니다. 이를 통해 로마 제국 내에서의 반란의 가능성을 철저히 억눌렀습니다. 세베루스는 이 과정에서 군사적 잔혹함을 통해 제국 내에서 자신의 권력을 강화했고, 그 누구도 그의 권력에 도전할 수 없도록 만들었습니다.

세베루스는 마지막으로 클로디우스 알비누스(Clodius Albinus)와 일시적으로 동맹을 맺는 척하며 교활한 기만술을 사용했습니다. 알비누스는 로마 제국의 서방 지역에서 영향력을 가진 경쟁자였으며, 세베루스는 그를 서방 제국의 공동 황제로 선언하며 동맹을 제안했습니다. 그러나 세베루스는 처음부터 이 동맹을 유지할 생각이 없었습니다. 그는 알비누스를 방심하게 만든 후, 적절한 기회를 포착하여 알비누스와의 전쟁에서 승리하고 그를 제거했습니다. 세베루스는 외교적 기만술을 통해 적을 약화시키고, 결정적인 순간에 배신하여 권력을 완전히 장악했습니다.

이러한 세베루스의 사례를 통해 마키아벨리는 군주가 잔인함과 교활함을 결합해 어떻게 성공적으로 권력을 유지할 수 있는지를 설명합니다.

사회적 맥락에서 보면 마키아벨리의 이야기는 리더가 복잡한 문제와 도전에 직면할 때 단순히 한 가지 접근 방식에만 의존하지 말고, 상황에 맞는 다양한 전략을 사용해야 함을 의미합니다. 예를 들어 비즈니스 세계에서 성공하려면 경쟁사의 움직임을 예리하게 파악하고 그에 맞는 전략을 세우는 여우의 지혜와, 필요할 때는 단호하고 강력한 결단을 내리는 사자의 용맹함이 필요합니다. 이는 리더가 상황에 따라 유연하게 대처하고, 적절한 시기에 강력한 행동을 취할 수 있어야 함을 강조합니다.

이는 우리의 삶과도 일맥상통한 면이 있습니다. 살아가면서 다양한 도전과 문제에 직면했을 때 우리 앞에 수없이 놓인 덫을 피해 앞으로 나아가려면 여우의 지혜가 필요하고, 수많은 유혹과 경쟁자들을 뿌리치고 목표에 다가서려면 용맹한 사자의 단호함과 결단력으로 대응해야 합니다. 이는 인간관계부터 경제적인 관리까지 다양한 측면에서 우리의 삶을 더 나은 방향으로 이끄는 데 도움을 줄 것입니다.

결국 우리는 상황에 따라 교활한 여우처럼 지혜롭게 행동하고, 용맹한 사자처럼 강력하게 대응할 수 있어야 합니다.

상황에 따라 여우도 되고 사자도 되어라

06

경험에서 지혜를
얻지 못하면 파멸한다

"인생의 모래시계에서
더 많은 모래가 빠져나갈수록
더 명확하게 볼 수 있어야 한다."

"Più sabbia è fuggita dalla clessidra della nostra vita,
più chiaramente dovremmo vedere attraverso di essa."

―《군주론》 전체 맥락 중에서―

허먼 멜빌의 소설 《모비 딕》에서 주인공인 에이해브 선장은 젊은 시절 흰고래 모비 딕에게 한쪽 다리를 잃습니다. 복수심에 사로잡혀 모비 딕을 찾아 나선 선장은 수많은 항해를 하면서도 항해 경험을 자신의 재산으로 만들지 못합니다. 예를 들어, 소설 중반에 나오는 배인 새뮤얼 엔더비 호와의 만남에서, 그 배의 선장은 에이해브에게 중요한 정보를 주려고 하지만, 에이해브는 오직 모비 딕에 대한 소식만을 묻고 즉시 떠나버립니다. 이렇게 행동하던 선장은 결국 비극적인 결말을 맞이합니다. 에이해브 선장이 경험을 통해 지혜를 얻었다면 그는 더 현명한 결정을 내리고 자신과 선원들을 위험에서 구할 수 있었을 것입니다.

위 사례와 마찬가지로 마키아벨리도 통치자는 시간이 지남에 따라 과거의 경험에서 교훈을 얻고, 그것을 바탕으로 더 현명하게 통치해야 한다는 점을 강조합니다. 즉 군주가 나이가 들수록 과거의 실수를 되풀이하지 않고, 더 나은 결정을 내릴 수 있도록 노력해야 한다고 주장합니다. 이는 우리가 살아가면서 시간이 흘러감에 따라 더 성숙해지고, 경험을 통해 지혜를 얻어야 한다는 메시지입니다.

마키아벨리의 생애에서 가장 중요한 사건 중 하나는 1512년 피렌체 공화국의 몰락과 메디치 가문의 복귀입니다. 그 시기에 마키아벨리는 피렌체 공화국에서 외교관과 고위 관리로 활약하며 이탈리아 여러 나라들과 복잡한 외교 관계를 조율하는 중요한 역할을 맡고 있었습니다. 그는 공화국의 정치적 안정과 번영을 위해 노력했지만, 이 모든 것이 메디치 가문의 귀환과 함께 무너졌습니다.

1512년, 스페인의 군사 개입으로 피렌체 공화국은 무너졌고, 공화정을 지지했던 마키아벨리는 자신의 권력 기반을 잃었습니다. 메디치 가문이 권력을 되찾자, 그들의 정치적 적이었던 마키아벨리는 메디치 가문에 의해 직위를 상실하고 곧 투옥되었습니다. 이 시기는 마키아벨리에게 극도의 불확실성과 위험으로 가득 찬 시간으로, 그는 자신이 언제 처형될지 알 수 없는 나날을 보냈습니다.

1513년, 마키아벨리는 반역 혐의로 스트라파도(Strappado) 라는 고문을 당했는데, 이 고문은 손을 뒤로 묶고 공중에 매달아 심한 고통을 주는 방식의 고문이었습니다. 그는 이런 고문을 받으며 메디치 가문의 배후에서 공화정을 복구하려는 음모를 꾸미지 않았음을 입증해야 했습니다. 이 고통스러운 시간은 그에게 정치의 냉혹함과 권력의 잔인함을 깊이 각인시켰습니다. 결국, 그는 증거 부족으로 석방되었지만, 정치적 생명은 끝났고, 공직에 복귀할 수 없게 되었습니다.

이 사건은 마키아벨리의 삶에서 가장 큰 전환점이 되었습니다. 그는 한때 권력의 중심에 있었지만, 이제는 정치 무대 밖으로 밀려났고, 이것은 그가 세상을 더 깊이 성찰하는 계기가 되었습니다. 정치적 변덕성과 권력의 불확실성을 몸소 경험한 마키아벨리는 인간 본성의 복잡함과 권력의 변동성을 실감하게 되었습니다. 이때 얻은 철학적 통찰은 그가 후에 《군주론》을 집필할 때 중요한 영감이 되었고, 권력 유지의 현실적이고 냉정한 방식을 탐구하는 데 중대한 영향을 미쳤습니다.

그는 정치적 실패와 배신, 생명의 위협을 통해 권력의 냉혹함을 깨달았으며, 나이가 들수록 더 명확하고 현실적인 시각을 가질 필요가 있다는 깊은 깨달음을 얻었습니다. 이 험은 그에게 권력의 잔혹한 실체를 이해하는 계기가 되었으며, 정치 지도자가 생존을 위해 어떤 방식으로라도 권력을 유지해야 한다는 그의 현실주의적 사상을 형성하는 중요한 기점이 되었습니다.

경험이 쌓일수록 더 깊은 통찰력을 얻을 수 있다는 것은 마키아벨리의 철학적 사유와도 맞닿아 있습니다. 그는 개인의 인생에서 시간이 지남에 따라 축적되는 경험이 세상과 인간 본성을 이해하는 데 중요한 역할을 한다고 보았습니다. 마키아벨리는 정치적 상황과 인간의 행동을 냉철하게 분석하며, 자신의 경험을 통해 군주가 어떻게 행동해야 권력을 유지하고 위험을 피할 수 있는지를 탐구했습니다.

우리는 나이를 먹어가면서 다양한 상황과 도전을 경험하게 되는데, 이를 통해 얻은 지혜는 우리의 삶을 더욱 풍요롭게 하고, 더 나은 결정을 내리는 데 큰 힘을 발휘합니다. 과거의 경험을 통해 실수를 반복하지 않도록 노력해야 하며, 이는 재정관리나 인간관계, 건강관리 등 다양한 측면에서 적용할 수 있습니다.

경험을 통한 성장은 개인뿐만 아니라 사회 전체에 있어 굉장히 중요합니다. 역사를 공부하고 과거의 실수를 돌아보며 배우는 것은 미래에 더 나은 결정을 내리는 데 꼭 필요한 가르침입니다. 역사의 교훈을 통해 우리는 전쟁, 경제 위기,

사회적 불평등 등 과거의 문제를 반복하지 않도록 노력할 수 있습니다. 이는 개인의 경험뿐만 아니라 집단적인 경험과 교육을 통한 지혜의 전승 역시 중요하다는 것을 의미합니다.

소설 《모비 딕》에서 주인공인 에이해브 선장은 복수심에 사로잡혀 수많은 항해 경험을 진정한 삶의 가치를 찾는 데 쓰지 못하고 비극을 맞이합니다. 우리는 에이해브 선장의 사례를 반면교사 삼아 마키아벨리가 이야기한 것처럼 시간이 흐를수록 더 많은 경험과 지혜를 쌓고, 이를 통해 더 명확하게 세상을 보고 현명한 결정을 내릴 수 있도록 깨달음을 얻어야 합니다. 우리가 이를 잊지 않는다면 더 나은 삶을 살아갈 수 있을 것입니다.

시간이 주는 통찰을 놓치지 마라

07

회피하지 말고
선제적으로 해결하라

**"전쟁을 피할 수는 없고,
적에게 유리하게 미룰 수 있을 뿐이다."**

"Non si può evitare la guerra, si può solo ritardarla a vantaggio degli altri."

－〈군주론〉 3장 중에서－

마키아벨리는 전쟁을 피하는 것은 적에게 유리하게 만드는 것이라고 이야기합니다. 이 이야기를 잘 보여주는 적절한 사례가 하나 있습니다. 바로 체임벌린과 히틀러의 뮌헨 협정입니다. 1938년, 영국의 네빌 체임벌린 총리는 히틀러와의 전쟁을 피하기 위해 뮌헨 협정을 체결했습니다. 이 협정은 체코슬로바키아의 주데텐란트를 독일에 양도한다는 내용을 담고 있었으며, 체임벌린은 이를 통해 평화를 유지할 수 있을 것이라 믿었습니다. 그러나 이 협정은 단지 전쟁을 미루는 결과에 불과했으며, 히틀러는 이후에도 계속해서 영토 확장을 멈추지 않았습니다. 결국, 1939년에 제2차 세계대전이 발발하게 되었습니다.

마키아벨리도 마찬가지로 갈등과 문제를 피하려고만 하면 오히려 더 큰 위험과 손실을 초래할 수 있다고 이야기합니다. 즉 군주가 직면한 갈등이나 전쟁을 피하려고만 하다 보면, 결국 적에게 유리한 상황을 만들어 줄 뿐이라는 것입니다. 따라서 군주는 전쟁을 피하기보다는 적절한 시기에 맞서 싸워야 하며, 그로 인해 더 나은 결과를 가져올 수 있도록 전략을 세워야 한다고 마키아벨리는 주장합니다. 이는 갈등을 해결하는 데 있어 적극적이고 전략적인 접근이 필요하다는 점을 강조합니다.

《군주론》 3장 '혼합 군주국들에 대하여'에서는 프랑스의 루이 12세가 이탈리아에서 실패한 사례가 대표적인 예시로 등장합니다. 이 이야기는 정치적 실수를 통해 영토를 잃는 군주의 모습을 보여주는 생생한 예로, 마키아벨리가 강조하는 정치적 결단력과 빠른 행동의 중요성을 설명하는 중요한 부분입니다.

루이 12세는 한때 이탈리아를 정복하려는 야망을 품고 있었습니다. 그의 눈에 들어온 첫 번째 목표는 당시 북부 이탈리아의 주요 도시인 밀라노였습니다. 이탈리아의 분열된 정치 상황은 루이에게 침략의 기회를 제공했고, 그는 밀라노를 손에 넣으며 큰 성과를 거두었습니다. 그 순간만큼은 그의 정복이 성공적인 것처럼 보였고, 이탈리아는 그의 지배

아래 놓인 듯했습니다.

그러나 루이 12세는 이탈리아에서의 승리를 안정적으로 유지하지 못했습니다. 그는 정복한 영토에서 적절한 정치적 전략을 구사하지 못한 채 실수를 거듭했습니다. 이탈리아 내부의 정치 세력들과의 관계를 제대로 관리하지 못했고, 특히 로마 교황청과의 갈등과 다른 도시국가들 간의 복잡한 세력 균형을 제대로 파악하지 못했습니다. 이탈리아는 단일한 통일 국가가 아니라 여러 도시국가들이 나뉘어 통치되는 지역이었기 때문에, 그 내부의 복잡한 정치적 갈등을 무시한 것이 그의 첫 번째 실수였습니다.

더 큰 문제는 루이가 전쟁을 지연했다는 점입니다. 초기의 군사적 성공 이후, 루이는 신속하게 전쟁을 끝내고 영토를 안정시켜야 했습니다. 그러나 그는 외교적 접근을 선택하고, 전쟁을 미루면서 시간을 벌려고 했습니다. 마키아벨리는 이러한 선택이 루이 12세의 치명적인 실수였다고 지적했습니다. 전쟁을 지연하는 동안, 그의 적들은 결속을 다지고 프랑스의 영향력을 몰아내기 위한 동맹을 형성했습니다. 그 결과, 반 프랑스 동맹이 형성되었고, 루이 12세는 한때 차지했던 밀라노를 비롯한 이탈리아 영토를 모두 잃게 됩니다.

루이 12세의 실패는 단순한 군사적 패배가 아니라, 정치

군주론 인생 공부

적 판단의 실패로 이루어진 결과였습니다. 그는 초기의 승리를 활용해 신속하게 이탈리아를 안정시키는 데 실패했으며, 전쟁을 피하려는 외교적 접근이 오히려 적들에게 그를 몰아낼 준비를 할 시간을 줌으로써 결국 그의 세력은 권력을 잃고 후퇴하게 됩니다. 마키아벨리는 이 사례를 통해 군주가 결단력과 속도를 잃을 경우, 적들이 그 틈을 파고들어 반격할 수 있음을 경고합니다. 결국 루이 12세는 이탈리아에서 정치적 균형을 유지하는 데 실패했고, 결과적으로는 모든 영토를 잃고 패배하게 되었습니다. 루이 12세의 이 사례는 혼합 군주국에서 통치하려면 군주가 강력한 통제와 신속한 군사적 행동을 펼쳐야 한다는 교훈을 제시합니다.

앞에서 살펴본 체임벌린과 히틀러의 사례에서도 마찬가지로 체임벌린의 유화 정책은 단기적으로는 전쟁을 피할 수 있었지만, 장기적으로는 히틀러의 야망을 더욱 부추겼고, 결국 더 큰 전쟁의 발발을 막을 수 없게 되었습니다. 이는 눈앞에 닥친 갈등과 문제를 미루기보다는, 이를 직면하고 해결하려는 노력이 중요하다는 교훈적인 메시지를 줍니다.

이는 우리가 살아가면서 만나는 여러 가지 문제와 갈등에서도 주요한 메시지를 줍니다. 예를 들어 기업을 경영할 때 경쟁사의 위협을 피하려고만 하면, 오히려 시장에서의 지위를 잃을 수 있습니다. 또 친구와의 갈등이 생겼을 때 어색하고 불편한 분위기가 싫어서 그 상황을 피하려고만 한다면 결국 친구와 멀어지는 상황이 생길 수도 있습니다. 어떤 문제가 발생했을 때 그 문제의 심각성을 제대로 파악하지 않고 단기적인 해결책만을 추구하다 보면 장기적으로 더 큰 문제를 초래할 수 있습니다.

결론적으로 마키아벨리가 이야기한 것처럼 어떤 상황에서든 갈등과 문제를 명확히 인식하고, 이를 선제적으로 해결하는 노력이 필요합니다. 이를 통해 우리는 더 나은 환경을 만들 수 있으며, 사회나 직장에서 인정받거나 더 발전한 인간관계를 맺을 수 있습니다.

갈등을 직면하고 선제적으로 해결하라

08

운명의 절반은
주변 사람들이 좌우한다

"통치자의 지능을 평가하는 첫 번째 방법은
그의 주변 사람들을 보는 것이다."

"Il primo metodo per stimare l'intelligenza di un sovrano è
guardare gli uomini che ha intorno a sé."

−《군주론》 22장 중에서−

에미상 최대 수상작인 드라마 〈왕좌의 게임〉에서 에다드
스타크는 윈터펠의 수장으로서 충성스럽고 능력 있는 사람
들을 자신의 측근으로 두었습니다. 그의 곁에는 로드릭 캐셀
이라는 충성스럽고 용맹한 기사, 그리고 믿을 수 있는 동료
들이 있습니다. 에다드는 그들의 조언을 경청하며, 중요한 결
정을 할 때 그들의 의견을 반영합니다. 반면에 킹스 랜딩의
왕인 조프리 바라테온은 자신에게 아첨하고 자신의 뜻을 무
조건적으로 따르는 사람들만을 주변에 두었습니다. 그는 오
만하고 잔인하며, 자신의 잘못된 결정을 바로잡아 줄 수 있
는 현명한 조언자를 받아들이지 않았습니다. 결과적으로 조
프리의 통치는 혼란과 폭력으로 가득 찼으며, 그는 결국 비참

한 최후를 맞이하게 됩니다.

마키아벨리도 군주의 지능과 통치 능력을 평가하는 중요한 기준으로 군주가 신뢰하는 사람들, 즉 측근과 조언자들의 능력과 인성을 언급합니다. 그는 군주가 현명하고 유능한 사람들을 주변에 두어야만 효과적으로 통치할 수 있다고 주장하며, 만약 군주가 무능한 사람들을 중용한다면 이는 군주의 판단력 부족을 드러내고 결국 통치의 실패로 이어질 수 있다고 경고합니다.

마키아벨리의 현실주의적 정치관은 군주가 모든 결정을 혼자 내리고 모든 문제를 직접 해결할 수 없다는 점을 명확하게 인식하는 데서 출발합니다. 그는 군주의 성공이 군주 혼자만의 능력에 달려 있는 것이 아니라, 주변에 어떤 인재를 두고 그들의 조언을 어떻게 활용하느냐에 달려 있다고 보았습니다. 이는 군주가 자신의 한계를 인정하고, 신뢰할 수 있는 조언자들을 선택하여 관리하는 능력이 꼭 필요하다는 것을 의미합니다.

군주는 완벽할 수 없고, 어떤 군주든 통치력에는 한계가 있다는 사실을 인정해야 한다고 마키아벨리는 이야기합니다. 따라서 타인의 능력을 적절히 활용하는 것이 군주의 성공에 중요한 요소가 됩니다. 예를 들어, 《군주론》에 자주 등

군주론 인생 공부

장하는 체사레 보르자는 아버지 알렉산드로 6세와 같은 강력한 인물의 지원은 물론이고, 주변의 뛰어난 조언자들을 두고 정치적으로 유용하게 활용했습니다. 이를 통해 체사레는 자신의 부족한 부분을 채우고 권력을 강화할 수 있었습니다.

마키아벨리는 군주가 주변 사람들, 즉 조언자와 측근을 선택하는 과정에서 신중함을 기해야 한다고 경고합니다. 군주가 간사하고 탐욕스러운 조언자들에게 둘러싸이면, 잘못된 결정을 내리거나 자신이 원하지 않는 방향으로 끌려갈 수 있기 때문입니다. 이는 군주의 의도가 왜곡되거나 상황을 오판하게 만드는 중요한 원인이 될 수 있습니다. 마키아벨리는 이와 관련한 예로, 프랑스의 루이 12세가 이탈리아에서 패배한 여러 가지 이유 중 하나로, 그가 나쁜 조언에 휘둘려 군사적 결단을 내리지 않고 외교적 지연을 선택한 사례를 이야기합니다.

또한 마키아벨리는 군주가 신하의 충성심과 능력을 평가할 줄 아는 눈을 가지고 있어야 한다고 강조합니다. 단순히 겉으로 드러나는 충성심이나 말에 의존해서는 안 되며, 그들이 진정으로 군주의 이익을 생각하는지, 그리고 위기 상황에서 실질적인 해결책을 제시할 수 있는 능력을 가지고 있는지를 평가하는 것이 중요합니다. 마키아벨리는 페르디난드 2세가 유능한 참모들과 장군들을 가까이 두어 스페인 왕국의 권력을 공고히 하고 영토를 확장했다고 설명합니다. 페르디난드 2세는 스페인의 통일을 이룩한 군주로 곤살로 페르난데스 데 코르도바 장군, 톰 마르티네스 등 능력 있는 인물들을 통해 국정을 안정시키고 외교적, 군사적으로 스페인을 유럽의 강국으로 만드는 데 성공했습니다. 마키아벨리는 이 사례를 통해 군주가 현명하게 참모를 선택하면 그들의 능력이 통치자의 지혜를 반영하며 국가를 강화할 수 있다고 강조합니다.

결국, 마키아벨리는 군주의 가장 중요한 능력 중 하나로 사람을 보는 눈을 꼽았습니다. 군주는 훌륭한 인재들을 가까이 두고 그들의 조언을 신뢰하고 적절히 활용하는 능력을 갖추어야 합니다. 군주의 능력은 단지 개인의 지혜나 용기만으로 결정되지 않으며, 군주가 주변 인물들의 역량을 얼마나 잘 파악하고 활용하느냐에 따라 군주의 권력 유지와 확장이 좌우된다고 마키아벨리는 강조했습니다. 따라서 군주는 타인의 충성심과 능력을 평가할 줄 알아야 하며, 이를 통해 자신의 한계를 극복하고 더 강력한 통치를 할 수 있습니다.

이는 리더가 자신의 주변에 어떤 사람들을 두는지가 그의 성공과 실패를 좌우할 수 있다는 것을 의미합니다. 유능한 리더는 자신의 약점을 보완해 줄 수 있는 능력 있는 사람들을 측근으로 두며, 그들의 조언을 경청하고, 그들의 능력을 최대한 활용합니다. 반대로 무능한 리더는 자신에게 충성만을 강요하거나 아첨하는 사람들만을 주변에 두어, 결과적으로 올바른 판단을 내리지 못하게 됩니다.

훌륭한 정치 지도자는 다양한 배경과 경험을 가진 인재들을 자신의 내각이나 참모진에 두어, 폭넓은 시각과 조언을 통해 국가를 운영합니다. 이는 국가의 발전을 위한 필수 요소입니다. 반대로, 충성도만을 기준으로 자신의 측근을 선택하는 지도자는 중요한 결정을 내리는 데 있어서 오류를 범할 가능성이 높습니다.

이는 비즈니스에서도 마찬가지입니다. 성공적인 기업의 CEO는 자신에게 도전하고 새로운 아이디어를 제시할 수 있는 능력 있는 팀을 구성합니다. 이러한 팀은 CEO가 최상의 결정을 내릴 수 있도록 다양한 관점을 제공하며, 이를 통해 조직은 더 큰 성과를 달성할 수 있습니다. 반대로, 독단적인 리더는 자신의 의견만을 고집하고, 자신에게 맞지 않는 의견을 배제함으로써 조직의 성장과 발전을 저해할 수 있습니다.

결국 리더의 지혜와 능력을 평가하는 가장 좋은 방법은 〈왕좌의 게임〉의 에다드와 마키아벨리의 통찰처럼 그가 주변에 두는 사람들을 보는 것입니다. 유능한 리더는 능력 있는 인재들을 적재적소에 배치하여 다양한 의견을 경청하고, 조직의 성공을 이끌어냅니다. 이러한 리더십 원칙은 개인과 조직 모두의 성공을 위한 가늠자가 될 것입니다.

리더의 가치는 주변 인재의 능력에서 나타난다

09

효과적으로
명령하라

영화 〈반지의 제왕〉에서 아라곤은 곤도르의 왕으로서 진정한 리더십이 무엇인지를 보여줍니다. 그는 전투가 한창일 때에도 최전방에 서서 동료들을 이끌고, 말로만 명령하는 것이 아니라 그들과 함께 싸우며 자신의 믿음과 결단력을 증명합니다. 그가 앞장서서 싸울 때, 그의 동료들은 아라곤이 단순히 명령을 내리는 자가 아니라, 스스로 위험을 감수하며 동료들의 생명과 안전을 최우선으로 생각하는 리더임을 다시금 깨닫게 됩니다. 전투 전날 밤, 그는 병사들의 텐트를 조용히 둘러보며 말없이 병사들과 눈을 마주하고 격려의 손길을 내밀며 자신의 존재가 그들에게 단순한 왕이 아니라, 함께 이 전쟁을 치르는 동료이자 친구임을 상기시킵니다. 그의 평소 겸손하고 신중한 태도는 동료들에게 더욱 강력한 힘과 결속감을 주고, 그들은 아라곤의 신뢰와 존경을 진심으로 느낍니다. 아라곤은 중요한 결정을 내릴 때도 모든 이의 의견을 존중합니다. 중요한 회의 중에는 조용히 의견을 듣고 눈빛 하나로 그들의 가치를 인정하며, 그의 신뢰를 받는 동료들은 더 열심히 전투에 임합니다. 이러한 깊은 존경과 신뢰의 리더십은 그의 동료들로 하여금 목숨을 걸고 그의 명령을 따르게 만듭니다. 모든 것이 그의 명령대로 이루어지면서도, 아라곤은 그들의 마음속에서 '왕'이라기보다는 영원히 함께 싸우는 동료로 남아 그들의 존경과 충성을 한 몸에 받습니다.

마키아벨리도 《군주론》에서 단순히 명령을 내리는 것만으로는 사람들이 따르지 않을 수 있으며, 군주가 그들의 복종을 이끌어내기 위해서는 명령의 방식과 시기를 잘 판단해야 한다고 설명합니다. 이는 군주가 권위를 가지고 있을 뿐만 아니라, 그 권위를 어떻게 효과적으로 활용할지를 알고 있어야 함을 의미합니다.

특히 마키아벨리가 속한 피렌체 공화국은 공화정 체제를 유지하면서도 지속적으로 권력의 변동을 겪고 있었으므로, 마키아벨리는 살아가면서 여러 차례 정권 교체를 경험해야 했습니다. 이러한 정치적 혼란 속에서 마키아벨리는 정치적

군주론 인생 공부

생존과 권력 유지의 중요성을 절실히 느끼게 되었습니다.

마키아벨리는 《군주론》에서 군주가 단순히 권력을 가지는 것만으로는 충분하지 않다고 강조했습니다. 그는 군주가 어떻게 명령을 내리고, 어떤 식으로 권력을 행사하여 군중들의 복종과 충성을 이끌어낼 수 있을지에 대해 깊이 있는 통찰을 제시했습니다. 즉, 군주가 단순히 강압적이거나 폭력적인 방식으로 권력을 행사하는 것만으로는 군중들의 지속적인 복종을 얻을 수 없다고 보고, 군중의 신뢰와 두려움을 동시에 얻는 것이 효과적인 리더십의 핵심이라고 주장했습니다.

그는 군주가 〈반지의 제왕〉의 아라곤처럼 단순히 명령을 내리는 것에 그쳐서는 안 된다고 말합니다. 군주는 명령을 통해 상황에 따라 적절한 전략을 선택하고, 군중들과 신하들의 심리를 이해하여 복종을 이끌어내야 합니다. 이는 단순한 권력 행사 이상의 것이며, 군주가 현명하게 사람들의 마음을 사로잡고 통제하는 방식을 말합니다. 군주가 지나치게 권위를 과시하거나 폭압적인 방식으로만 통치할 경우, 군중들의 반발을 불러일으킬 수 있습니다. 이는 군주의 권력 기반의 약화를 초래할 수 있으며, 정치적 불안정을 가져오는 상황을 만들기도 합니다.

예를 들어, 군주가 군중들에게 과도한 세금을 부과하거나 무리한 법령을 지속적으로 강요할 경우, 군중들의 불만이 커지고 반란을 일으킬 가능성이 높아집니다. 마키아벨리는 군주가 무리하게 권력을 휘두르기보다는 군중들이 자발적으로 따를 수 있도록 지혜로운 통치를 해야 한다고 강조합니다. 군주가 군중과 눈높이를 맞추고 그들의 심리를 파악하여 적절하게 반응하는 것이 통치의 성공을 결정짓는 핵심이라고 설명합니다.

그렇다고 해서 군주가 지나치게 온화하거나 약한 모습을 보이는 것은 위험하다고 마키아벨리는 경고합니다. 군주가 너무 부드럽거나 권위가 약해 보이면 군중들이 그를 경시하고 명령을 따르지 않을 위험이 있습니다. 따라서 너무 잔인하거나 너무 약하지 않은, 균형 잡힌 통치가 필요합니다. 군주는 군중들에게 두려움을 주면서도 존경을 받는 존재가 되어야 하며, 필요할 때는 단호하게 행동하고, 때로는 관용과 자비를 베풀 줄 알아야 합니다.

이와 같은 균형을 통해 군주는 군중들이 자발적으로 복종하고, 충성을 다하게 만들 수 있습니다. 군주가 지혜롭고 강력한 지도자로 보이기 위해서는 상황에 따라 강압적일 때와 유화적일 때를 적절히 조절할 수 있는 능력이 필요합니다. 마키아벨리는 군주가 군중들이 자신을 두려워하되 증오하지

군주론 인생 공부

않도록 통치해야 하며, 이는 군중들에게 자신이 강력하면서도 공정한 지도자라는 인식을 심어줄 때 가능하다고 이야기합니다.

즉 군주는 권위를 유지하는 동시에 군중들에게 신뢰와 존경을 받을 수 있는 지도자가 되어야 하며, 상황에 따라 적절하게 지혜롭고 강력한 통치 전략을 사용해야 한다는 점을 강조합니다.

좋은 리더는 단순히 명령을 내리는 것에 그치지 않고, 그 명령의 목적과 중요성을 구성원들에게 명확히 설명해야 합니다. 또한 구성원들의 의견을 경청하고, 그들의 역량을 최대한 발휘할 수 있도록 지원하는 것이 중요합니다. 이러한 접근 방식은 리더가 진정한 권위를 가지고 구성원들에게 신뢰를 얻을 수 있게 합니다.

예를 들어 기업의 CEO가 직원들에게 단순히 명령을 내리는 것만으로는 성과를 높일 수 없습니다. 그 명령이 왜 중요한지, 어떻게 실행해야 하는지, 그리고 그 결과가 조직 전체에 어떤 긍정적인 영향을 미칠지를 명확히 설명해야 합니다. 또한 직원들의 의견을 존중하고, 그들의 어려움을 이해하며, 필요한 지원을 제공하는 것이 중요합니다. 이렇게 할 때 직원들은 자발적으로 명령을 따르게 되고, 조직은 더 높은 성과를 달성할 수 있습니다.

이러한 리더십의 원칙은 가정에서도 적용할 수 있습니다. 부모가 자녀에게 규칙을 설명하고 그 규칙이 왜 중요한지를 이해시키는 것이 중요합니다. 단순히 '하지 마라'라고 명령하는 것보다, 그 행동이 왜 위험하거나 부적절한지 설명하는 것이 자녀가 규칙을 따르게 하는 데 더 효과적입니다. 이는 자녀가 부모의 권위를 존중하고 신뢰하게 만들며, 스스로 올바른 결정을 내릴 수 있게 도와줍니다.

좋은 리더가 되려면 명령하는 법을 이해하고, 신뢰와 존경을 바탕으로 리더십을 발휘하는 것이 중요합니다.

리더는 명령하는 법을 이해하고,
그 이유를 설명할 줄 알아야 한다

군주론 인생 공부

10

지위보다 중요한 것은
행동이다

"사람을 존경하게 만드는 것은 칭호가 아니라,
사람이 칭호를 존경하게 만드는 것이다."

"Non sono i titoli che onorano gli uomini, ma gli uomini che onorano i titoli."

−《군주론》 18장 중에서−

영국의 법률가, 사회 철학자, 작가인 토머스 모어는 그의
작품 《유토피아》에서 이상적인 사회를 묘사했습니다. 모어
는 헨리 8세 시절 국무총리로 임명되었지만, 많은 사람이 그
의 직함이나 권력보다 그의 윤리적 신념과 행동을 기억합니
다. 헨리 8세가 모어를 교회의 수장으로 선언하고 새로운 결
혼의 승인을 할 때, 그는 자신의 신념을 지키기 위해 왕의 명
령을 따르지 않았습니다. 이로 인해 그는 처형당했지만, 그의
용기와 도덕적 강직함은 오랜 세월 동안 존경받았습니다. 모
어의 행동과 신념, 인품은 그가 가진 직함이 주는 위상보다
더 강한 인상을 사람들에게 남겼으며, 더 큰 존경을 받을 수
있게 했습니다. 그의 이름은 오늘날까지도 도덕적 강직함의

상징으로 남아 있습니다.

마키아벨리도 진정한 존경과 명예는 지위나 직함이 아니라 그 지위를 맡은 사람의 행동과 인품에서 비롯된다고 주장합니다. 직함이나 권위에만 의존하지 않고 자신의 행동과 덕망으로 존경을 받는 것이 핵심입니다.

이러한 마키아벨리의 주장은 그의 경험에서 나온 통찰로, 마키아벨리가 피렌체 공화국의 몰락과 메디치 가문의 부상을 통해 얻은 경험은 그가 정치적 현실과 권력의 본질을 이해하는 데 중요한 전환점이 되었습니다. 당시 마키아벨리는 피렌체 공화국에서 외교관이자 고위 관료로 활동하고 있었으며, 이 시기는 피렌체가 공화정 체제를 유지하고 있었던 시기였습니다. 피렌체의 지도자들은 군중들의 선택을 받아 선출되었고, 그들의 권위는 공식적인 직위와 칭호에서 나왔습니다.

그러나 이러한 공식적 권위에 대한 마키아벨리의 신뢰는 메디치 가문의 부상을 목격하면서 변화했습니다. 메디치 가문은 처음에 공식적인 정치적 지위 없이도 피렌체에서 막대한 영향력을 행사했습니다. 그들은 단순히 부유한 은행가 가문이었지만, 경제적 힘을 기반으로 정치적 힘을 강화해 나갔습니다. 메디치 가문은 정치적 직위나 칭호 없이도 피렌체를 사실상 통치할 수 있는 기반을 마련했습니다.

또한 메디치 가문은 공직을 맡지 않았음에도 불구하고, 경제적 힘과 네트워크를 통해 피렌체의 중요한 결정을 뒤에서 조종했습니다. 그들의 부와 사회적 지위는 정치적 영향력을 발휘하는 중요한 도구로 작용했습니다. 메디치 가문은 다양한 상업적 거래, 금융, 외교 활동을 통해 도시국가의 정치적 체계를 장악해 나갔습니다. 특히, 코시모 데 메디치는 자신의 부를 사용해 피렌체 내에서 강력한 지지 기반을 만들었고, 공식적으로 정치적 직위를 가지지 않았음에도 실질적인 권력자로 자리매김했습니다.

마키아벨리는 이 과정을 통해, 권력은 단순히 칭호나 공식적인 지위로 유지되는 것이 아니라, 그것을 실제로 행사할 수 있는 능력과 행동에 달려 있다는 사실을 깨달았습니다. 메디치 가문은 공식적인 정치적 권위를 얻기 전에 이미 피렌체에서 큰 영향력을 행사하고 있었고, 그들의 권력은 경제적 지배력과 정치적 지혜에 의해 더욱 강해졌습니다. 이후, 그들은 공식적인 정치적 직위를 차지하게 되면서 피렌체의 통치 가문으로 완전히 자리 잡았습니다.

이 경험을 통해 마키아벨리는 단순한 칭호나 직위가 권력을 유지하는 데 충분하지 않다는 점을 깨달았고, 실제 능력과 행동이 권력의 본질임을 확신하게 되었습니다. 메디치 가문은 자신들의 능력을 바탕으로 칭호와 지위를 더욱 가치 있게 만들었고, 이는 마키아벨리의 정치 철학에 큰 영향을 미쳤습니다.

마키아벨리는 이를 통해 군주나 정치 지도자가 공식적인 지위에만 의존해서는 안 되며, 자신의 행동과 실질적인 능력을 통해 권력을 강화해야 한다고 주장했습니다. 이 경험은 마키아벨리의 《군주론》에서 드러나는 현실주의적 통치 철학의 중요한 기초가 되었습니다. 정치적 리더십은 명예로운 칭호보다 실질적인 능력과 결단력에 의존해야 하며, 이러한 능력을 통해 군주는 자신의 권력을 공고히 할 수 있다는 그의 주장은 메디치 가문의 사례를 바탕으로 더욱 구체화되었습니다.

이는 리더십의 본질과 관련이 깊습니다. 리더는 직위나 권한만으로 존경을 받는 것이 아니라, 그 직위를 어떻게 활용하고 자신의 책임을 얼마나 성실하게 수행하는지에 따라 진정한 존경을 받게 됩니다. 이는 모든 직업과 역할에서 적용될 수 있는 원칙으로, 자신의 자리에서 최선을 다하고, 도덕적이고 윤리적인 행동을 통해 존경을 얻는 것이 중요하다는 의미입니다.

예를 들어 기업의 CEO나 정치인이 그 직함만으로 명예와 존경을 얻으려 한다면, 이는 쉽게 무너질 수 있습니다. 그러나 그들이 투명하고 윤리적으로 행동하며, 자신의 책임을 성실하게 수행한다면 진정한 존경과 신뢰를 받는 리더가 될 수 있습니다.

이 명제는 가족, 친구, 직장 내 인간관계에서도 마찬가지로 적용됩니다. 부모, 선배, 친구로서의 역할이 주는 권위에 의존하지 않고, 진심과 성실함으로 관계를 만들어 가는 태도가 상대방의 마음을 열게 하고, 깊은 신뢰를 형성하게 합니다. 직함과 관계없이 우리가 다른 사람들에게 보여주는 진정성과 배려가 곧 그 사람의 가치와 존경을 만들어가는 것이기 때문입니다.

결국 사람을 존경하게 만드는 것은 단순한 직함이나 칭호가 아니라, 그 사람의 행동과 인품입니다. 앞에서 살펴본 토머스 모어의 사례는 이번 명제의 중요성을 잘 보여줍니다. 우리는 이러한 접근 방식을 통해 더 나은 리더십과 인간관계를 형성할 수 있을 것입니다.

직위가 아닌 영향력으로 리드하라

PART 2

복수는 상대가 두려워할
정도로 심하게 해야 한다

11

대중은 외관에
잘 속는다

> **"대중은 항상 외관에 속고,
> 세상은 주로 대중으로 이루어져 있다."**
>
> "La folla volgare è sempre presa dalle apparenze, e il mondo consiste principalmente dei volgari."
>
> ―《군주론》 18장 중에서―

히틀러는 외관과 이미지를 철저히 관리하고, 대중의 감정을 자극하는 방식을 통해 권력을 얻었습니다. 그의 연설과 군복, 제스처 등은 강력한 이미지를 형성했고, 요제프 괴벨스의 프로파간다 기구를 이용하여 나치 이데올로기를 퍼뜨렸습니다. 대규모 집회와 퍼레이드는 대중의 비합리성을 이용하여 감정을 고조시키고, 유대인과 공산주의자 등을 희생양으로 삼아 대중의 두려움과 증오를 자극했습니다. 이는 마키아벨리가 언급한 '대중은 항상 외관에 속고, 세상은 주로 대중으로 이루어져 있다'라는 명제의 대표 사례로 꼽을 수 있습니다.

마키아벨리도 군주가 도덕적 이상보다는 실용적인 목표를 위해 사람들을 속이더라도 사람들에게 보이는 이미지를 잘 관리하는 것이 중요하다고 주장합니다. 즉 군주의 내면이 아닌 외적 이미지와 대중의 인식이 군주의 성공 여부를 좌우한다는 점을 강조하며, 사람들이 눈앞에 보이는 환상에 종종 쉽게 현혹되거나 선동되어, 중요한 진실을 외면하기도 한다는 점을 지적하고 있습니다. 이는 사람들이 무언가를 판단할 때 깊이 생각하지 않고 단순하게 판단을 내리는 경향이 강하며, 이러한 경향이 사회 전반에 퍼져 있음을 나타냅니다.

즉 대중은 군주의 실제 동기나 진심을 파악하기 어렵기 때문에, 지도자가 반드시 도덕적이고 진실한 내면을 가지는 것보다는 외형적인 모습과 태도를 중시해야 한다고 마키아벨리는 이야기합니다. 그는 대중이 군주의 외형과 말투, 행동을 보고 그를 신뢰하거나 따를지 결정하는 특성을 적극 활용해야 한다고 말합니다.

강력한 지도자는 상황에 따라 필요할 때는 진실을 숨기고 기만적인 행동으로 대중이 원하는 이미지를 보여줄 필요가 있습니다. 마키아벨리가 말하는 기만이란, 단순히 거짓말을 하는 것을 넘어, 대중이 자신을 강력하고 안정적인 지도자로 인식하도록 연출하는 것입니다. 예를 들어, 군주가 자신에게 불리한 상황을 마주할 때는 불안을 감추고 안정적인 모습을 유지하며 대중에게 확신을 주는 것이 중요합니다. 군주가 자신의 목적을 달성하기 위해 속임수를 사용하고도 대중에게 이익을 제공한다면, 대중은 그를 존경할 수 있다고 보았습니다.

또한 마키아벨리는 군주가 언제나 도덕적인 지도자일 필요는 없다고 말하며, 실용적인 결과가 더 중요하다고 강조합니다. 대중은 군주의 도덕성보다는 자신들이 원하는 안정, 평화, 번영을 제공받을 때 군주에게 존경과 충성을 바치게 된다는 것입니다.

마키아벨리는 이러한 실용주의적 철학을 통해 군주가 단순히 대중에게 인기가 있는 것보다, 강력하고 안정적인 지도자로서의 이미지를 만드는 것이 더 중요하다고 보았습니다. 결국 마키아벨리의 이론은 군주가 자신의 목적을 달성하고 안정적인 통치를 유지하기 위해서는 대중이 자신을 어떻게 바라보는지를 연출할 수 있는 능력이 필수라고 주장하며, 이러한 방식이 지도자가 권력을 오랫동안 유지하고 대중의 존경을 받는 핵심이라고 결론을 내립니다.

마키아벨리의 이러한 통찰을 통해 대중은 진실한 면을 보기보다는 보고 싶은 단편적인 면만을 보며 중요한 판단을

군주론 인생 공부

내리고 있음을 알 수 있습니다.

현대에도 사람들은 종종 깊이 있는 분석이나 비판적인 사고 없이 표면적인 정보에 의존해 판단을 내립니다. 디지털 미디어 시대에 SNS와 미디어는 짧고 매력적인 콘텐츠를 중심으로 돌아가며, 이는 사람들이 더 깊이 있는 내용을 이해하기보다는 빠르게 소비하는 방식으로 정보를 접하게 만듭니다. 즉 어느새 이러한 현상에 익숙해진 사람들은 길고 어려운 이야기는 이해하고자 하는 시도도 하지 않고 넘겨버리거나, 집중해서 본질을 파악하는 데 어려움을 겪습니다. 이러한 현상은 정보의 왜곡과 오해를 불러일으킬 수 있으며, 사람들이 쉽게 잘못된 판단을 내리게 합니다.

사회적 측면에서도 마찬가지입니다. 대중 앞에 모습을 드러내는 정치인이나 공인들은 표면적인 이미지를 조작하여 대중을 현혹시키는 경우가 많습니다. 매체를 통해 보이는 이미지와 실제 행동 사이의 차이를 인식하고, 비판적으로 사고하는 능력이 필요합니다. 이는 더 나은 사회를 만들기 위해 꼭 필요한 능력이라고 할 수 있습니다.

또한 이 원칙은 소비문화에서도 적용될 수 있습니다. 사람들은 종종 광고나 마케팅에 현혹되어 제품의 실제 필요성과 가치를 판단하지 않고 구매하는 경우가 많습니다. 이는 불필요한 소비와 자원의 낭비를 초래할 수 있습니다.

앞에서 언급한 히틀러 시대의 군중이나 16세기 이탈리아 군중들처럼 사람들은 생각보다 단순하여 쉽게 선동당하고 현혹됩니다. 옳고 그름과 진정한 가치 판단을 위해 다시 한번 생각하고 문제를 깊이 있게 사유할 수 있는 사고방식을 가져야 합니다.

거짓과 위장을 구분할 수 있는 통찰력이 중요하다

12

철저히 준비하고
무장하라

"무엇보다 먼저 무장을 하라."

"Prima di tutto, essere armati."

-《군주론》 14장 중에서-

허버트의 베스트셀러 소설 《듄》에서 주인공 폴 아트레이데스는 아라키스 행성에서 권력을 쥐기 위해 끊임없이 준비하고 자신을 무장합니다. 폴은 예언된 메시아로서의 역할을 수행하기 위해 프레멘(아라키스의 원주민)과 관계를 맺고, 그들의 전통과 기술을 익혀 물리적·정신적으로 자신을 무장하는 등 다양한 훈련을 받고, 정치적 음모와 생명의 위협 속에서 생존 기술을 익힙니다. 그의 철저한 준비와 무장은 그가 아라키스에서 권력을 쥐고 자신의 운명을 개척하는 데 중요한 역할을 합니다. 폴의 이야기는 철저한 준비와 자기 무장이 어떻게 큰 성공과 승리를 가져오는지를 잘 보여줍니다.

마키아벨리도 군주가 군사 문제에 정통해야 하며, 무장한 군주만이 권력을 지킬 수 있다고 말합니다. 군주는 평화 시기에도 전쟁 준비를 게을리해서는 안 되고, 항상 군사 훈련을 통해 자신을 강화해야 합니다. 여기서 "무엇보다 먼저 무장을 하라"라는 말은 군주가 다른 어떤 덕목이나 정치적 수단보다 군사적 준비를 우선해야 한다는 점을 의미합니다. 군주는 무엇보다 강력한 군대를 보유해야 하며, 외부의 침략과 내부의 반란을 억제할 수 있는 자체 군사력이 없다면, 다른 모든 정치적 전략도 무의미하다고 주장합니다.

마키아벨리는 군주가 군사력을 소홀히 하면, 자신의 운명을 통제하지 못하고 외부 세력에 의해 좌우될 수밖에 없다고 경고합니다. 그는 군주가 스스로 무장해야 한다고 강조하며, 외부 용병에 의존하는 것을 최악의 선택으로 보았습니다. 용병들은 충성심이 부족하고 군주의 지시보다는 자신의 이익을 따르기 때문에, 군주는 자신만의 군대를 소유해야 한다고 주장합니다.

즉 마키아벨리는 대중의 사랑보다는 군사적 힘이 우선되어야 한다고 보았습니다. 그는 군주가 무력을 통해 외부의 침략을 막고 내부의 반란을 진압할 수 있어야만 권력을 안정적으로 유지할 수 있다고 강조했습니다.

군주론 인생 공부

마키아벨리는 《군주론》에서 필로포이멘(Philopoemen)이라는 고대 그리스의 장군을 예로 들며, 그가 평화 시기에도 끊임없이 전쟁 준비를 게을리하지 않은 점을 칭찬합니다. 필로포이멘은 그리스의 아카이아 연맹의 장군으로, 그리스 역사에서 뛰어난 군사적 지도력으로 잘 알려져 있었습니다. 그는 평화 시기에도 항상 전쟁 상황을 염두에 두었으며, 친구들과 함께 전투 시뮬레이션을 하거나 전쟁 전략을 논의했습니다. 그들은 만약 갑작스럽게 적이 공격해오면 어떤 지형에서 싸워야 할지, 군대를 어떻게 배치할지에 대해 항상 고민했고, 그가 맡은 군대가 항상 전투에 대비할 수 있도록 철저하게 훈련했다고 소개합니다. 이 사례는 다른 모든 것에 앞서 군사력을 갖추는 것이 중요하다는 것을 의미합니다.

이를 지금 우리의 상황에 대입해 보면 '무장을 하라'라는 개념은 사회에서 생존하고 성공하기 위해 항상 준비하고 대비해야 한다는 것을 의미합니다. 예를 들어 기업은 시장의 변화에 대응하기 위해 혁신적인 기술과 경쟁력을 갖추어야 하고, 개인은 자신의 커리어와 삶의 목표를 달성하기 위해 필요한 역량을 지속적으로 개발해야 합니다.

따라서 우리는 예상치 못한 위기나 변화에 대비하기 위해 항상 준비되어 있어야 합니다. 이는 재정적인 준비, 건강 관리, 지속적인 학습 등을 포함합니다. 예를 들어 글로벌 경제 위기나 팬데믹 같은 상황에서 개인과 조직이 사전에 충분한 준비를 해두었다면 더 잘 대응할 수 있을 것입니다. 기업은 시장의 변화와 경쟁에 대비하기 위해 꾸준히 혁신하고, 직원들의 역량을 강화하면 위기 속에서도 기회를 찾을 수 있습니다.

결론적으로, 마키아벨리의 정치 철학은 실용주의적이며, 군주는 도덕보다는 실리를 우선시해야 한다고 주장했습니다. 군주는 강력하고 현실적인 물리적 수단을 통해 자신의 권력을 유지하는 것이 필수입니다. 이때 무장을 통해 자신의 안위를 보장하는 것은 그가 말하는 실용주의적 통치의 핵심입니다.

앞에서 살펴봤듯이 소설 《듄》의 주인공 폴 아트레이데스의 이야기는 이러한 준비와 무장이 어떻게 성공과 승리를 가져오는지를 잘 보여줍니다. 즉 준비와 대비는 성공의 필수 요소입니다.

힘과 준비만이 성공을 가져온다

　　　　　　　　　　　　　　　　　군주론 인생 공부

13

급진적인 변화는
위기를 초래한다

"국가를 개혁하고자 하는 자는
최소한 옛 관습의 그림자를 유지해야 한다."

"Chi volesse riformare uno stato dovrebbe mantenere
almeno l'ombra delle vecchie consuetudini."

—《군주론》 6장 중에서—

    19세기 중반, 일본은 서구 열강의 압력과 내부의 혼란 속에서 중대한 개혁이 필요했습니다. 메이지 유신은 일본이 봉건적 사회 구조에서 벗어나 현대 국가로 발전하기 위해 추진한 일련의 개혁이었습니다. 이 과정에서 일본은 서구의 기술과 문물을 적극적으로 수용하면서도, 전통적인 요소들을 유지하는 전략을 취했습니다. 메이지 유신의 지도자들은 서구의 과학기술과 산업화, 군사 제도를 도입하면서도 일본 고유의 문화와 전통을 존중했습니다. 그들은 천황을 중심으로 한 국가 체제를 유지하면서, 이를 근대적 행정 체계와 결합시켰습니다. 또한 사무라이 계급을 해체하면서도 그들의 충성심과 무사 정신을 새로운 군대 조직에 반영했습니다. 이로써 일본은 급격한 서구화와 내부 저항을 최소화하면서 성공적으로 근대화를 이룰 수 있었습니다.

위 사례의 연장선상에서 마키아벨리는 군주국을 설립할 때 개혁을 시도하는 군주가 직면하는 어려움에 대해서 이야기합니다. 특히 기존의 전통과 관습을 뿌리째 바꾸려는 시도를 한다면 거센 저항에 부딪힐 수 있다고 경고합니다. 기득권 세력이나 기존 질서를 지지하던 사람들은 자신들이 가진 것을 잃을까 봐 두려워하며 개혁에 반대하기 때문입니다.

따라서 마키아벨리는 국가를 개혁할 때 기존의 질서를 완전히 제거하기보다는 일부를 유지함으로써 사람들의 저항을 최소화해야 한다고 이야기합니다. 이는 인간 본성이 변화를 두려워하고 기존 질서에 안주하려는 경향이 있기 때문인데, 이를 꿰뚫어 본 마키아벨리는 급진적인 변화는 사람들에게 불안을 느끼게 하므로, 전통적인 요소를 남겨둠으로써 개혁에 대한 반발을 줄일 수 있다고 설명합니다. 즉 기존 관습의 그림자를 일정 부분 유지해야 하는 것이 대중의 저항을 최소화하고 새로운 사회 질서를 안정적으로 정착시키기 위한 현실적인 방안이라고 설명합니다.

이러한 주장을 뒷받침하기 위해 마키아벨리는 《군주론》 6장에서 모세와 키루스의 사례를 제시하며, 대중이 쉽게 받아들일 수 있는 방식으로 기존 질서를 부분적으로 수용하면서 새로운 체제를 구축한 방식을 설명합니다.

모세는 이스라엘 민족을 이집트에서 탈출시킨 후, 완전히 새로운 제도와 규칙만을 강요하지 않았습니다. 오히려, 기존의 종교적 전통과 법률을 중심으로 새로운 사회를 구성하여 이스라엘 민족에게 익숙함을 제공했습니다. 이집트의 관습에서 벗어나 새로운 방향으로 이끌어가면서도, 기존 신앙과 관습을 유지함으로써 이스라엘 민족의 저항과 불안을 완화했습니다. 모세는 하나님과의 신약을 통해 새로운 사회적, 정치적 지침을 제시했지만, 기존의 신앙 체계를 유지하는 방식으로 대중이 이를 받아들일 수 있도록 했습니다. 이러한 방식은 새로운 사회의 토대를 강화하면서 사회적 혼란을 최소화하는 데 효과적이었습니다.

페르시아 제국의 창립자인 키루스는 광대한 제국을 다스리는 데 있어 피정복민들의 종교와 문화적 전통을 존중했습니다. 키루스는 정복한 민족들에게 강한 통제만을 부과하지 않고, 기존의 체제와 관습을 부분적으로 유지하면서도 새로운 통치 방식을 도입했습니다. 예를 들어, 그는 피정복민의 종교와 문화를 파괴하거나 억압하지 않고, 그들이 가진 전통을 존중하면서 자신의 통치 질서를 점진적으로 주입했습니다. 이는 피정복민들의 저항을 약화시키고, 페르시아 제국의 사회적 안정성을 확보하는 데 도움을 주었습니다.

마키아벨리는 기존 관습의 그림자를 유지함으로써 개혁과 새로운 질서에 대한 대중의 저항을 줄일 수 있다고 보았습니다. 완전히 새로운 질서와 규칙을 강제하는 것보다는, 기존의 관습과 믿음 속에서 새로운 체제를 도입함으로써, 대중이 익숙한 틀 안에서 서서히 변화를 받아들이게 할 수 있습니다. 마키아벨리의 통찰은 국가 개혁을 위한 실용적 접근법을 보여주며, 이는 안정적인 통치와 대중의 수용을 확보하는데 필수적임을 설명합니다.

위의 사례는 현대 사회에서도 중요한 교훈을 제공합니다. 만약 새로운 변화를 도입해야 하는 시기가 온다면 전통과 관습을 배제하지 않으면서 변화의 방향을 설정하려는 태도가 중요합니다. 이를 통해 사회적 안정을 유지하면서도, 새로운 발전과 혁신을 이룰 수 있습니다.

결국 개혁은 기존의 사회 구조와 문화를 완전히 부정하는 것이 아니라, 그 속에서 새로운 변화를 일으켜야 하는 것입니다. 이는 급격한 변화와 혁신 속에서도 전통과 관습을 존중하며 균형을 유지하는 것의 중요성을 다시 한번 시사합니다.

군주론 인생 공부

또한 이번 명제는 인간관계 문제에서도 통용되는데, 갈등이 발생했을 때 상대방이 소중히 여기는 기존의 가치나 기대를 무시하지 않고 존중하는 것이 중요합니다. 급작스럽고 전격적인 변화 요구는 상대방에게 큰 부담이 될 수 있으며, 이는 더 큰 반발을 불러일으킬 가능성이 큽니다. 따라서 갈등을 해결할 때는 상대방이 익숙한 부분을 일정 부분 유지하면서 변화에 적응할 수 있는 시간과 공간을 제공하는 것이 효과적입니다.

급진적인 변화는 종종 저항과 혼란을 초래할 수 있습니다. 전통과 관습은 한 나라의, 한 문화의 중요한 덕목과 사상을 담고 있으므로 서두의 일본 메이지 유신의 사례처럼 대부분 그대로 유지하면서 새로운 변화를 도입하는 것이 효과적입니다. 이는 변화의 성공 가능성을 높이고, 사회적 안정을 유지하는 데 도움을 줄 것입니다. 전통과 혁신 사이에서 균형을 찾고, 점진적이고 지속 가능한 변화를 추구해야 함을 이번 명제의 교훈으로 마키아벨리는 이야기하고 있습니다.

균형을 유지하며 점진적 변화를 도입하라

14

반격의 기회를
주지 말라

"사람에게 상처를 줘야 한다면
그의 복수를 두려워할 필요가 없을 정도로
심하게 행동해야 한다."

"Se si deve fare un'offesa a un uomo,
dovrebbe essere così grave da non temere la sua vendetta."

―《군주론》 3장 중에서―

영화 〈대부〉에서 마피아 두목 돈 비토 콜레오네는 자신
의 가문을 보호하기 위해 적들을 공격하고 권력을 유지합니
다. 그러나 적들이 반격을 가해오자 그의 아들 마이클 콜레
오네는 가족을 보호하기 위해 더 철저한 복수를 계획합니다.
비토는 평화로운 방식으로 문제를 해결하려 하지만, 마이클
은 가족과 조직을 위협하는 적들에게 관용을 베풀지 않기로
결심하고, 그들을 제거하기 위해 마피아 내의 배신자들과 경
쟁 조직의 수장들, 심지어는 가족 내에서 배신한 형제까지도
용서 없이 처단하는 냉혹한 결단을 내립니다.

마키아벨리는 군주가 누군가에게 상처를 줄 때, 그 상처

군주론 인생 공부

가 적에게 복수할 힘을 남기지 않을 만큼 강력해야 한다고 조언합니다. 적이 힘을 회복하여 복수할 가능성을 완전히 제거함으로써, 군주가 자신의 권력을 더욱 안전하게 유지할 수 있게 한다는 의미입니다. 이는 대립 상황에서 반격이나 복수를 할 수조차 없을 정도로 확실하게 문제를 해결해야 한다는 뜻으로, 갈등 해결에 있어서 어중간하게 절반만 처리하는 것이 얼마나 위험할 수 있는지를 강조합니다.

마키아벨리는 《군주론》 3장 '혼합 군주국에 대해'에서 새로운 영토를 정복한 군주가 기존의 반대 세력이나 적대적인 인물들을 어떻게 다루어야 하는지에 대해 강력하게 조언합니다. 그는 새로운 영토에 기존 권력 구조나 반대 세력이 남아 있는 경우, 군주는 적대 세력을 경미한 처벌로만 다루어서는 안 된다고 강조합니다. 적대 세력을 불완전하게 처리할 경우, 언젠가 힘을 되찾아 복수할 기회를 노릴 수 있기 때문입니다.

적대 세력을 온정적으로 대하거나 일시적인 처벌만으로 다룰 경우, 그들이 언젠가는 세력을 회복할 가능성이 크다고 마키아벨리는 경고합니다. 즉 그는 적대 세력을 완전히 제거하는 것을 권장하는데, 예를 들면 적대 세력의 지도자를 처형하거나, 강력한 충성 세력을 해체하여 반격의 싹을 자르는 방식입니다.

마키아벨리는 군주가 단호하고 결단력 있게 행동해야 한다고 말하며, 이러한 방식만이 정복한 영토에서 권력을 장기적으로 유지할 수 있는 전략이라고 주장합니다. 반쪽짜리 처벌로는 군주의 권력이 안전할 수 없다는 점을 분명히 하며, 온정주의나 절반의 조치는 오히려 위험을 초래한다고 봅니다. 따라서 군주가 새로운 영토를 다스릴 때는 완벽한 통제와 강력한 제압이 필요하며, 이를 통해 반란의 위험을 원천 봉쇄해야 한다는 메시지를 전달합니다.

《군주론》에서 마키아벨리는 로마 제국의 통치 방식을 예로 들어 군주가 새로운 영토에서 잠재적 반란 세력을 어떻게 처리해야 하는지 설명합니다. 로마는 정복한 지역에서 반란이 일어날 가능성이 높은 도시나 세력에 대해 철저한 대응을 취했으며, 이를 통해 장기적으로 안정과 지배력을 확립할 수 있었습니다. 로마와 카르타고는 포에니 전쟁을 통해 수 세기 동안 경쟁을 벌였습니다. 특히 제3차 포에니 전쟁(기원전 149~146년)에서 로마는 카르타고를 계속해서 견제했고, 카르타고 역시 여전히 복수할 힘을 갖추고 로마를 호시탐탐 노리고 있었습니다. 이때 로마는 카르타고로 진격하여 도시를 완전히 잿더미로 만들고 그 지역을 소금으로 덮어버려 다시는 저항할 힘을 남기지 않았습니다. 이는 마키아벨리가 주장한 것처럼 적대 세력에 반격의 여지를 주지 않고 완전한 통제를 유지하는 방식을 잘 보여줍니다.

즉 갈등은 제대로 해결하지 않으면 오히려 더 큰 문제를 일으킬 수 있습니다. 깔끔하지 않은 문제 해결은 상대방에게 복수할 기회를 주게 되고, 이는 더 큰 갈등으로 번질 수 있습니다.

영화 〈대부〉의 마지막 장면에서 마이클은 모든 적을 한꺼번에 제거하는 계획을 세우고, 이를 완벽하게 실행합니다. 그는 적들이 다시는 자신에게 복수할 기회를 얻지 못하도록 철저하게 처리합니다. 즉 마이클은 복수를 두려워할 필요가 없을 만큼 무자비하게 적들을 제거함으로써, 자신의 권력과 가족을 지키는 데 성공합니다.

갈등을 해결할 때는 평화롭게 해결할 수 없는 이상, 오히려 매정해 보일지라도 확실하고 철저하게 뒤끝 없이 처리해야 상대방도 자신도 더 이상 그 문제에 대해 고민하지 않을 수 있습니다. 마키아벨리의 이 명제는 개인적, 조직적, 국가적 갈등 해결에 있어 여전히 중요한 지침으로 작용할 수 있습니다.

갈등을 철저히 해결하라

15

대담함이야말로 진정한 성과를 이루기 위한 필수 덕목이다

**"군주의 대담함은
첫 번째, 두 번째, 세 번째 덕목이다."**

"L'audacia negli affari è prima, seconda e terza qualità."

—《군주론》 6장/25장 중에서—

1997년 리드 헤이스팅스와 마크 랜돌프가 설립한 넷플릭스는 온라인 DVD 대여 서비스를 시작하여 당시 오프라인 비디오 대여점과 경쟁하기 위해 창의적이고 대담한 전략을 채택했습니다. 2000년대 초 넷플릭스가 도입한 온라인 대여 시스템은 고객들이 DVD를 우편으로 받을 수 있는 시스템으로, 이는 비디오 대여 시장에서 큰 변화를 가져왔습니다. 넷플릭스의 진정한 승부수는 스트리밍 서비스로의 전환이었습니다. 2007년 넷플릭스는 디지털 스트리밍 서비스를 시작하며, 기존의 DVD 대여 모델에서 벗어나 새로운 비즈니스 모델을 구축했습니다. 이 대담한 결정은 당시로서는 매우 위험한 시도로 여겨졌지만, 넷플릭스는 이를 통해 콘텐츠 소비

군주론 인생 공부

방식을 혁명적으로 변화시켰습니다.

마키아벨리도 《군주론》에서 넷플릭스가 보여준 것과 같은 이러한 대담함이 굉장히 중요하다고 이야기합니다. 이는 단순히 운이나 기회를 기다리는 것이 아니라, 적극적으로 기회를 만들고 이를 통해 자신의 위치를 강화하는 것을 의미합니다.

마키아벨리가 《군주론》에서 언급한 교황 율리오 2세의 사례는 군주가 위험을 감수하면서 대담하게 행동할 필요성을 보여주는 중요한 사례입니다. 교황 율리오 2세는 1503년 교황으로 선출된 후, 군사적 결단을 내리고 직접 전쟁을 이끌어 이탈리아에서 교황령의 세력을 확장했습니다. 그는 베네치아를 포함한 여러 이탈리아 도시국가들과 동맹을 맺고, 교황령의 영토를 회복하기 위한 일련의 전쟁을 추진했습니다.

특히 1506년 교황 율리오 2세는 직접 군대를 이끌고 볼로냐로 진격하여, 이 도시를 다시 교황령의 지배하에 두는 데 성공했습니다. 이 결정은 매우 대담한 군사적 모험으로 볼 수 있는데, 당시 교황이 직접 전쟁을 이끄는 것은 매우 드문 일이었기 때문입니다. 하지만 율리오 2세는 위험을 감수하고 적대 세력에 맞서 신속하고 결단력 있게 행동했습니다. 그의 이러한 군사적 행동은 결국 교황령의 영향력을 강화하고 이탈리아 내에서 교황청의 권위를 높이는 데 크게 기여했습니다.

이러한 성과는 용기 있는 군사적 행동이 필요할 때 군주가 얼마나 결단력 있게 행동해야 하는지를 상기시켜 줍니다. 이는 군주는 신속한 판단을 통해 적대 세력에 맞서야 하며, 때로는 위험을 감수하더라도 확실한 승리를 위해 대담하게 행동해야 한다는 마키아벨리의 철학을 잘 보여줍니다. 이처럼 리더의 대담함과 신속한 판단이, 특히 위기 상황에서 성공적인 통치의 중요한 요소라고 마키아벨리는 강조합니다.

이러한 사례는 현대 비즈니스 환경에서도 유효한 메시지를 전달합니다. 기업 경영은 항상 불확실성이 존재하는데, 예측 불가능한 시장 변화, 경쟁자의 움직임, 경제적 변동 등 여러 요인이 리더의 결단을 요구합니다. 이때 넷플릭스나 율리오 2세와 같은 과감한 선택은 성공을 위한 필수 전략입니다. 대담함이 없는 리더는 불확실성 앞에서 주저하거나 기회를 놓칠 수 있지만, 마키아벨리의 철학처럼 대담하게 앞으로 나아가는 리더는 기회를 잡고 성공을 창출할 가능성이 높습니다.

개인적 측면에서도 새로운 돌파구를 마련하는 데 있어 과거의 인간관계를 정리하는 대담한 결심은 때때로 꼭 필요합니다. 우리의 삶에서 인간관계는 중요한 역할을 하지만, 그 관계가 더 이상 긍정적인 영향을 주지 않고 오히려 발전을 저해하는 경우도 있습니다. 새로운 목표나 도전을 위해서는 과거의 패턴에서 완전히 벗어나야 할 때도 있습니다.

넷플릭스는 커다란 위험을 감수하고 이미 확고하게 자리를 잡고 있었던 기존의 시스템을 버린다는 기상천외한 결단으로 큰 성장을 이루었습니다. 이를 통해 오늘날 넷플릭스는 전 세계 수억 명의 구독자를 보유한 대표적인 스트리밍 서비스 기업으로 자리 잡았습니다. 만약 넷플릭스가 기존의 시스템에 안주하며 비디오 대여와 DVD 대여에만 집중했다면 지금의 넷플릭스는 없었을 것입니다. 그리고 과거의 인간관계도 때로 우리를 과거에 묶어두는 족쇄가 될 수 있으며, 이를 대담하게 정리함으로써 더 큰 성취를 향해 나아갈 수 있습니다.

이는 오늘날 개인, 비즈니스, 조직의 성공을 이끄는 필수 요소로, 불확실한 상황에서 주저하지 않고 대담하고 과감한 결정을 통해 새로운 길을 찾는 용기를 갖춘다면, 자신이 속한 분야에서 혁신을 이루고 시장을 선도할 수 있으며, 결국 이를 통해 성공에 이를 수 있음을 일깨워 줍니다.

두려움 없이 대담하게 기회를 만들고, 도전하라

16

인간은 본질적으로 이기적이며, 물질적 이익을 더 중시한다

"인간은 아버지의 죽음보다 재산의 손실을 더 오래 기억한다."

"Gli uomini dimenticano più rapidamente la morte del padre che la perdita del patrimonio."

-《군주론》 17장 중에서-

　레프 톨스토이의 소설 《안나 카레니나》에서 알렉세이 카레닌은 귀족적 신분과 재산을 지키려는 인물로, 이러한 속성은 결국 그의 삶을 냉정하게 규율하는 덫이 됩니다. 부유하고 권위 있는 인물인 카레닌은 사회적 체면과 명예를 중시하며 자신의 위치를 굳건히 지키고자 합니다. 하지만 그의 아내 안나가 브론스키라는 남자와 사랑에 빠지게 되면서 카레닌은 새로운 딜레마에 빠집니다. 안나의 이혼 요청은 그에게는 단순히 가정의 문제를 넘어 자신의 존엄성과 사회적 지위가 위협받는 문제로 다가왔습니다. 카레닌은 결혼 생활의 진정한 의미보다는 외부의 시선과 물리적 재산에 더 민감하게 반응합니다. 이를 통해 톨스토이는 카레닌이 사랑의 상실과 상처보다 자신이 세운 사회적 가면을 지키려는 태도에서 비인간적인 면모를 보여줍니다. 안나는 이러한 무정함에 상처를 입고 고통받으며, 결국 이 비극적인 갈등은 관계의 파국으로 이어지게 됩니다. 카레닌은 안나와의 관계 속에서 사랑보다 체면과 재산을 택하며 결국 그녀와의 가정뿐 아니라 인간적 유대까지 잃어가며, 소설의 비극적인 결말에 이르게 됩니다.

마키아벨리도 인간이 본질적으로 이기적이고 자신의 이익에 민감하게 반응한다고 믿었습니다. 그는 사람들이 도덕이나 이상보다는 자기 자신에게 유리한 것을 더 소중하게 여긴다고 분석합니다. 예를 들어, 사람들은 물질적 손실을 당했을 때 도덕적 모욕을 느꼈을 때보다 훨씬 깊은 상처를 받으며, 이로 인해 분노와 복수심을 오래 간직하게 됩니다. 따라서 마키아벨리는 군주가 군중의 도덕적 기대를 충족하기보다는 물질적 이익과 손해에 주의를 기울이는 것이 더 중요하다고 주장합니다. 이는 군주가 군중의 물질적 욕망을 충족할 수 있을 때 안정적인 통치가 가능하다는 그의 믿음을 반영합니다.

특히 그는 군주가 군중의 물질적 이익을 존중하고, 군중들의 재산에 피해를 주지 않는 통치가 매우 중요하다고 강조합니다. 예를 들어, 과도한 세금 부과나 재산 몰수와 같은 정책은 군중들로 하여금 불만과 복수심을 품게 만들어, 결과적으로 반란이나 정치적 혼란을 야기할 수 있습니다. 따라서 군주는 군중들의 재산과 물질적 이익을 침해하지 않는 통치 방식을 유지함으로써 군중의 지지와 복종을 얻을 수 있다고 조언합니다.

또한 마키아벨리는 통치가 성공적으로 이루어지려면 경제적 이익을 보장하면서도 군중에 두려움을 주는 방식이 필요하다고 설명합니다. 물질적 이익을 보장받으면서도 군주의 권위를 두려워하는 상황에서는 군중들이 군주에게 충성을 유지하게 되며, 반란을 꾀하지 않게 됩니다. 이는 군주가 실질적인 통치 전략으로서 군중의 심리를 이해하고 통제하는 방법을 제안하는 것으로, 단순한 도덕적 통치보다 실질적인 방식을 우선시하는 마키아벨리의 정치적 현실주의를 잘 보여줍니다.

사람들은 종종 감정적인 상처보다 물질적 손실을 더 크게 느끼고, 잃어버린 재산을 되찾기 위해 더 많은 노력을 기울이곤 합니다. 이는 인간이 본능적으로 생존과 안락함을 추구하기 때문입니다. 감정적 고통도 크지만, 물질적 손실이 주는 불안과 스트레스는 그 어떤 것보다 직접적이고 지속적일 수 있습니다. 이는 경제적 안정이 인간의 기본적인 욕구와 깊이 연결되어 있기 때문입니다. 아버지의 죽음은 큰 슬픔을 가져오지만, 시간이 지나면서 그 슬픔은 점차 희미해집니다. 반면, 재산을 잃었을 때의 충격은 경제적 어려움과 직결되기 때문에 더 오래 기억되고, 복구하려는 노력 또한 계속됩니다.

결론적으로, 톨스토이가 《안나 카레니나》라는 작품을 통해 감정적 상실보다 물질적 손실을 더 크게 느끼는 인물을 창조해 물질에 집착하며 자신의 재산을 지키기 위해 인간이 얼마나 속물적이고 이기적인 본성을 드러낼 수 있는지를 보여준 것처럼, 마키아벨리는 인간이 본질적으로 이기적이며, 감정적 유대보다 물질적 이익을 더 중시하는 경향이 있다는 점을 통찰했습니다. 따라서 그는 군주가 국가를 통치할 때 인간의 본성을 잘 이해하고, 이를 바탕으로 전략을 세우는 것이 중요하다고 주장합니다. 이러한 인간의 본성은 국가를 통치하는 지도자뿐만 아니라 우리의 삶과 깊이 관련이 있으며, 이를 파악하고 현명하게 대처하는 것이 중요하다는 것을 이번 명제를 통해 알 수 있습니다.

사람들은 물질적 이익을 최우선시한다

17

비열한 사람들에 맞서
비열해져라

"비열한 자들로부터 자신을 보호할
방법은 그들과 비슷하게 행동하는 것뿐이다."

"Non c'è altra maniera di proteggersi dai ruffiani che non sia quella di rendersi simile a loro."

―〈군주론〉 19장 중에서―

헨리 7세는 리처드 3세를 물리치고 튜더 왕조를 시작한
영국의 왕입니다. 헨리 7세는 리처드를 몰아내고 왕위를 차
지했으나, 이후에도 자신의 권력에 대한 비열하고 지속적 위
협에 똑같이 비열한 방법을 사용해 방어한 것으로 잘 알려
져 있습니다. 헨리는 왕위에 오른 후, 왕좌에 도전할 가능성
이 있는 요크 가문의 지지자들을 순차적으로 제거했습니
다. 심리적 조작과 정치적 기만을 통해 자신의 반대 세력을
하나씩 약화시켰습니다. 특히, 리처드 3세의 후계자로 추정
되는 워릭 백작 에드워드 플랜태저넷을 투옥하고 처형한 사
건은 매우 상징적입니다. 헨리는 워릭 백작이 왕위를 차지할
만한 위협이 된다고 보고, 정당성을 확보한 후 그를 제거함

군주론 인생 공부

으로써 튜더 왕조를 안정시켰습니다.

헨리 7세는 자신의 적들을 정치적으로 조작하고, 권력 유지를 위해 상대방을 제거하면서도 자신의 권력 기반을 확립하기 위한 체계적인 비열한 전략을 구사했습니다. 그는 또한 적대 세력과 결혼을 통해 동맹을 맺음으로써 자신을 보호했으며, 정치적 결혼 역시 그가 비열하게 자신의 권력을 지키기 위해 사용한 수단 중 하나였습니다.

마키아벨리도 때때로 불공정하거나 비도덕적인 상황에 맞서기 위해서는 전략적으로 대응할 필요가 있다고 이야기합니다. 이는 도덕적 타협을 의미하는 것이 아니라, 효과적인 자기방어와 목표 달성을 위해 현실적으로 접근할 필요가 있다는 뜻으로 해석할 수 있습니다. 즉 가끔은 비겁하고 비열한 상황에서 자신을 보호하고 빠져나가기 위해서는 '눈에는 눈, 이에는 이'라는 방식으로 대응할 필요가 있습니다.

《군주론》 19장 '군주가 경멸과 미움을 피해야 하는 방법에 대하여'에서 마키아벨리는 신하나 주변 인물들이 군주에게 음모를 꾸밀 가능성에 대해 설명합니다. 그는 특히 군주가 비열한 자들(ruffiani)로부터 음모를 당할 위험이 있을 때, 그들과 같은 방식으로 대응하는 것이 필요하다고 암시합니다. 비열한 자들이 기만과 음모를 통해 군주에게 해를 끼치려고 한다면, 군주도 그들처럼 교활한 방식으로 스스로를 보호해야 합니다. 군주는 때로는 기만적이고 교활한 행동을 통해 자신의 적들을 제압해야 하며, 그렇게 하지 않으면 경멸받거나 약자로 보일 위험이 있다고 지적합니다.

마키아벨리는 스페인의 페르디난드 2세를 이중적이고 기만적인 통치 전략을 사용해 성공적인 군주가 된 대표적 사례로 언급합니다. 페르디난드 2세는 교활하고 기만적인 전략을 사용해 적들을 제압하고 영토를 확장하며 동시에 권력을 강화했습니다. 그의 통치 방식은 때로는 비열하고 교활한 것으로 평가받을 수도 있지만, 마키아벨리는 그가 결국 성공적인 군주가 되었음을 강조하며, 필요할 때는 비열한 자들처럼 행동해야 한다는 점을 설명합니다.

결국 페르디난드는 종교적 위선을 통해 자신의 정치적 목표를 달성하는 데 성공했습니다. 예를 들어, 그는 기독교 세계에서 이단을 몰아내기 위한 종교적 동기를 내세워 적들을 무너뜨렸지만, 실제로는 자신의 권력과 영토를 확장하는 것이 주된 목적이었습니다. 이러한 행동은 기만적이었지만, 그를 군주로서 성공하게 한 핵심 전략이기도 했습니다. 이는 그가 비열한 적들과 같은 방식으로 행동했기 때문에 성공할 수 있었음을 보여줍니다.

군주론 인생 공부

이는 개인의 일상생활에서도 적용할 수 있습니다. 예를 들어 불합리한 상사나 동료와의 갈등으로 인해 직장에서 부당한 대우를 받았다면, 감정적인 대응보다는 상황을 분석하고 전략을 세운 다음, 그들과 비슷한 방식으로 대응하여 역지사지할 수 있게끔 상황을 만들어 보는 것도 좋습니다. 다만 그 이후에 일어날 일에 대한 확실한 대응책을 세우고 언제든 전략적으로 맞설 수 있는 대비가 되어 있는 것이 중요합니다. 이는 단순히 자신을 보호하는 것을 넘어, 더 나은 작업 환경을 구축하고, 직장 내에서의 지위를 강화하는 데 도움이 됩니다.

결론적으로, 마키아벨리는 우리가 불공정하거나 비도덕적인 상황에 직면했을 때 단순히 도덕적 원칙에만 의존하지 않고, 전략적이고 현실적인 대응을 통해 자신을 보호하고 목표를 달성하는 것이 중요하다는 점을 강조합니다. 상황에 따라 필요할 때는 동해보복법(동일한 해를 동일하게 보복하는 법칙) 방식으로 용기 있게 맞서서 대처하는 방법도 필요하다고 역설합니다.

불공정한 상황에 전략적으로 대응하라

18

예상치 못한
반감을 경계하라

"증오는 선행으로도 악행으로도 얻을 수 있다."

"L'odio si guadagna tanto con le buone opere quanto con le cattive."

─《군주론》 19장 중에서─

　존 스타인벡의 소설 《분노의 포도》에서 톰 조드와 그의 가족은 대공황 시기의 경제적 어려움 속에서 생존을 위해 캘리포니아로 이주합니다. 그들은 열심히 일하고 서로를 도우며 새로운 삶을 찾으려고 노력하지만, 그들의 선행과 성실함이 오히려 기존 주민들의 반감을 사게 됩니다. 조드 가족은 새로운 삶을 위해 노력하며, 그 과정에서 많은 사람들에게 도움을 주려고 하지만, 현지 주민들과 농장주들은 그들을 불신하고, 때로는 그들의 존재 자체를 위협으로 여깁니다. 톰 조드는 특히 노동자들의 권리를 위해 싸우면서 그 과정에서 적대적인 세력들에게 미움을 사게 됩니다. 이 이야기는 선행조차도 사람들로부터 오해와 반감을 살 수 있음을 잘 보여줍니다.

마키아벨리는 대중의 증오는 반란과 정치적 불안을 일으킬 수 있기 때문에, 군주는 가능한 한 대중의 증오를 받지 않기 위해 노력해야 한다고 이야기합니다. 하지만 군주가 선한 행동을 하더라도 그것이 특정 집단에게 불리하게 작용한다면, 그 집단은 군주를 증오할 수 있으므로 군주는 모든 사람의 사랑을 받을 수 없다는 것을 알고, 특정 상황에서는 증오를 감수해야 한다는 것을 염두에 두고 있어야 한다고 이야기합니다.

아무리 훌륭한 군주라도 모든 사람을 만족시킬 수는 없습니다. 따라서 중요한 목표를 달성하거나 여러 가지 선택지 중 가장 나은 선택지를 선택해야 할 때, 누군가 그 선택에 피해를 보거나 불만을 가지더라도 단호하게 결정을 내릴 수 있는 용기가 필요합니다. 선행도 악행도 모두 누군가의 질투나 반감을 살 수 있다는 것을 명심해야 합니다. 즉 군주가 대중의 반응을 완벽하게 통제하는 것은 불가능하다고 마키아벨리는 이야기합니다.

마키아벨리는《군주론》에서 군주가 군중을 위한 좋은 정책을 시행하는 과정에서 혹여나 군중의 재산이나 가족, 특히 여성에 대한 권리를 침해한 경우 강력한 반발의 위험성이 있을 수 있다고 경고합니다. 그는 군주가 아무리 강력한 권력을 가지고 있어도, 이러한 개인적 권리를 무시할 경우 군중의 증오를 피할 수 없고, 이는 군주의 정치적 안정성을 위협하는 큰 요소가 된다고 설명합니다. 이는 단순한 반감 이상의 문제로, 군중들이 군주에 대해 깊은 불만과 반감을 가지게 되면 결국 반란이나 내부적 갈등으로 이어질 가능성이 크다고 경고합니다. 예를 들어, 마키아벨리는 로마 제국이나 여러 유럽 군주국의 사례를 통해, 군주가 군중의 재산을 보호하지 않거나 그들의 가족에 대한 권리를 침해할 때 군중들이 얼마나 쉽게 분노하는지를 강조했습니다. 이는 군주가 일반적인 통치에서 벗어나 군중의 가장 기본적 권리까지 침해하면, 그들이 단순히 군주의 명령에 따르지 않고 폭력적인 저항으로 반응할 가능성이 크다는 것을 의미합니다. 또한, 재산과 가족은 군중의 삶의 가장 중요한 부분으로, 이 부분에 대한 위협은 단순한 경제적 불만을 넘어선 심리적, 사회적 분노를 일으킬 수 있습니다.

따라서 마키아벨리는 군주가 선행을 하더라도 신중하게 행동하여 불필요한 증오를 불러일으키지 않아야 한다고 권고합니다. 군중들이 일상의 안정과 가족의 안전을 보장받을 때, 그들은 군주를 따르며 더 충성스러운 태도를 보이기 때문입니다. 이를 통해 군주는 자신의 권력 기반을 강화하고, 더욱 안정된 통치를 이어나갈 수 있습니다.

이러한 통찰은 군주가 자신의 도덕적 이상에 지나치게 매달리지 않고, 정치적 현실을 냉정하게 직시해야 한다는 마키아벨리의 철학을 반영합니다. 군주는 자신이 언제, 어떻게 증오의 대상이 될 수 있는지 이해하고, 그 증오를 최소화하기 위한 정치적 전략을 구사해야 합니다.

이를 현대 사회의 맥락에 대입해 보면 모든 인간관계는 언제나 예기치 않은 결과를 가져올 수 있습니다. 누군가에게 도움이 되고 싶어서, 선의를 베풀고 싶어서 한 행동이라도 그것이 언제나 긍정적인 결과를 가져오는 건 아닙니다. 반대로 악의를 가지고 한 행동이 누군가에게는 오히려 좋은 결과를 주기도 합니다. 중요한 것은 이러한 모든 행동이 누군가에게 미움을 살 수 있다는 점입니다. 또 반대로 누군가에게 호감을 살 수도 있습니다.

예를 들어 직장에서 누군가가 열심히 일하고 성과를 내면, 이는 동료들 사이에서 질투와 반감을 초래할 수 있습니다. 그 사람의 열정이 다른 사람들에게는 부담이나 비교 대상이 되기 때문입니다. 하지만 회사의 대표나 임원들에게는 긍정적인 평가를 받을 수 있습니다. 정치인이 좋은 정책을 추진하더라도, 이는 반대파의 비난과 반발을 불러일으킬 수 있습니다. 인권운동가들이 불의와 싸우며 정의를 위해 노력할 때, 기존의 권력 구조나 이익을 지키려는 사람들로부터 적대감을 살 수 있습니다.

　이렇듯 선행이든 악행이든 모든 행동은 예상치 못한 반감을 초래할 수 있습니다. 이는 우리의 의도와는 상관없이 타인의 반응이 다를 수 있음을 의미합니다. 좋은 의도로 한 행동이 오해를 불러일으킬 수도 있고, 반대로 나쁜 의도로 한 행동이 예상치 못한 긍정적 결과를 가져올 수도 있습니다. 따라서 우리는 행동하기 전에 우리의 행동이 초래할 모든 가능성을 염두에 두어야 합니다.

타인의 과잉 반응을 고려하고 행동하라

　　　　　　　　　　　　군주론 인생 공부

19

이상을 뒷받침할
힘을 확보하라

"무장하지 않은 예언자는 파괴되었지만,
무장한 예언자는 항상 승리했다."

"I profeti disarmati sono stati distrutti, mentre quelli armati hanno sempre prevalso."

―《군주론》 6장 중에서―

영화 〈매드 맥스: 분노의 도로〉는 포스트 아포칼립스 세계를 배경으로 생존과 자유를 위해 싸우는 주인공들의 이야기를 다루고 있습니다. 이 영화에서 주인공 퓨리오사는 독재자 임모탄 조의 폭정 아래 억압받는 사람들을 구하기 위해 반란을 일으킵니다. 그녀의 목표는 단순히 자신과 다른 여성들을 자유롭게 하는 것이 아니라, 억압된 사람들에게 새로운 희망을 주고 자유를 쟁취하는 것입니다. 퓨리오사는 단순한 비전을 가지고 있는 예언자가 아닙니다. 그녀는 무장하고 있으며, 강력한 전투 차량과 무기, 그리고 함께 싸우는 동료들을 통해 자신의 목표를 실현할 수 있는 실질적인 힘을 갖추고 있습니다. 퓨리오사와 그녀의 동료들은 임모탄 조의 군대와 치열한 전투를 벌이며, 그들의 목표를 향해 나아갑니다. 이는 퓨리오사의 이상과 동료들, 그들에게 힘을 줄 수 있는 무기와 전투차량이 모두 구비되어 있었기에 가능한 일이었습니다.

퓨리오사와 마찬가지로 마키아벨리도 지도자나 혁신가가 자신의 비전을 실현하려면 그 비전을 뒷받침할 수 있는 실질적인 힘과 자원을 갖추어야 한다고 주장합니다. 즉 혁신가나 지도자가 성공하기 위해서는 단순히 비전이나 이상만 가지고 있는 것이 아니라, 그 이상을 실현할 수 있는 힘과 군사적 능력이 필요하다고 이야기합니다. 군사력으로 무장한 지도자는 자신을 보호하고 권력을 유지할 수 있습니다. 이는 곧 자신의 이상을 실현하고 성공을 거두는 밑거름이 됩니다. 이상과 목표를 실현하기 위해서는 비전과 이를 뒷받침할 수 있는 정치적, 경제적, 사회적 힘이 필요합니다.

마키아벨리는《군주론》에서 새롭게 권력을 잡은 군주가 새로운 제도와 법을 도입하면서 직면하는 도전과 이를 극복하는 방법에 대해 설명합니다. 특히 그는 무장한 예언자와 무장하지 않은 예언자의 대비를 통해, 힘과 무력이 새로운 제도를 안정적으로 확립하는 데 얼마나 중요한지를 강조합니다.

마키아벨리는 모세를 대표적인 무장한 예언자로 설명하며, 모세가 단순히 영적 지도자로서만이 아닌 군사적 지도자로서도 성공을 거둔 이유를 상세히 분석합니다. 모세는 이스라엘 민족을 이끌고 이집트에서 탈출한 후, 새로운 제도와 법을 확립하고자 했습니다. 하지만 그가 성공적으로 이러한 개혁을 실현할 수 있었던 이유는 단지 도덕적 설득이나 영적 권위에만 의존한 것이 아니라 강력한 무력과 군사적 힘을 사용할 수 있었기 때문입니다. 모세는 이 과정에서 적군과의 전투를 수행하고, 군사적 리더로서 자신의 민족을 보호하고 이끌 수 있는 능력을 보여주었습니다. 마키아벨리는 모세의 군사적 리더십을 통해 새로운 법과 질서를 확립하는 데 있어서 무력의 중요성을 강조하며, 무력이 뒷받침되지 않는 도덕적 권위나 설득력만으로는 안정적인 지배를 이루기 어렵다고 주장합니다.

무장한 예언자는 군사적 힘과 지도력을 통해 자신의 개혁을 실행할 수 있는 반면, 무장하지 않은 예언자는 도덕적 설득력이나 신앙만으로 대중을 이끄는 데 한계를 가질 수밖에 없습니다. 마키아벨리에 따르면, 새로운 제도를 도입할 때 저항을 잠재우고 효과적으로 법과 질서를 확립하려면, 군주는 무력을 통해 대중의 복종을 이끌어낼 수 있어야 합니다. 마키아벨리는 만약 모세가 군사적 힘을 사용하지 않고 단순히 도덕적 권위나 설득에만 의존했다면, 이스라엘 민족을 이끌고 새로운 법과 질서를 확립하는 데 실패했을 가능성이 크다고 주장합니다. 모세의 강력한 리더십과 전투력이 이스라엘 민족에게 새로운 사회 질서를 받아들이게 했고, 무력으로 적대 세력을 제압하며 법을 지킬 수 있는 기반을 마련했습니다. 이는 새로운 권력과 제도를 안정적으로 확립하기 위해서는 이론적 권위뿐 아니라 실제적 힘이 필요함을 보여주는 중요한 사례입니다.

결론적으로, 마키아벨리는 모세의 사례를 통해 군주가 군중의 충성을 확보하고 저항을 잠재우기 위해는 단순히 설득력에 의존해서는 안 되며, 무력이 뒷받침된 강력한 통치가 필수라고 강조합니다.

앞서 살펴본 사례에서도 퓨리오사는 자신의 비전을 실현하기 위해 강력한 무장과 믿을 수 있는 동료와 전략을 갖추고 있으며, 이를 통해 임모탄 조의 독재에 맞서 승리할 수 있었습니다.

우리가 어떤 계획을 세우거나 중요한 진실을 폭로할 때, 반드시 그에 대한 대비책과 실질적인 힘을 준비해야 합니다. 비전만으로는 목표를 달성하기 어려우며, 이를 실현할 수 있는 자원과 전략이 필요합니다. 모세와 퓨리오사가 강력한 무장과 동료의 지지를 통해 목표를 이뤘듯이, 우리도 계획을 실행할 때 필요한 자원을 준비하고 도전할 때 마주해야 할 장애물에 대응할 수 있는 전략을 마련해야 합니다. 준비된 힘은 우리의 목표를 실현하고, 더 나은 결과를 가져올 수 있는 중요한 요소입니다.

결국 마키아벨리는 우리가 꿈꾸는 이상을 실현하기 위해서는 실질적인 힘과 자원이 필요하다는 것을 상기시켜줍니다. 우리는 이러한 힘을 갖추기 위해 노력해야 하며, 이를 통해 우리의 비전과 목표를 실현할 수 있습니다.

비전을 실현하기 위해 실질적인 힘을 갖추어라

20

윤리와 전략을
동시에 고려해야 한다

> "모든 상황에서 선을 행하려는 사람은
> 선하지 않은 많은 사람들 사이에서 파멸된다."
>
> "Un uomo che cerca di fare il bene in ogni
> circostanza è destinato a perire tra tanti che non sono buoni."
>
> ―《군주론》 15장 중에서―

윌리엄 셰익스피어의 비극《햄릿》에서 주인공 햄릿은 덴마크의 왕자로서, 아버지를 죽인 숙부 클로디어스에게 복수하려고 합니다. 햄릿은 본래 선한 성품을 가지고 있으며, 정직하고 올바른 길을 가고자 하지만, 숙부의 음모와 배신 속에서 고뇌하게 됩니다. 클로디어스는 권력을 유지하기 위해 비윤리적이고 잔인한 방법을 사용하며, 햄릿은 이러한 상황에서 선을 지키려다 오히려 파멸하게 됩니다. 결국, 햄릿은 자신의 이상과 선의 때문에 주변의 부정과 악을 이기지 못하고 비극적인 결말을 맞이합니다.

마키아벨리는 군주가 항상 도덕적으로 행동하려고 하면

현실에서 성공하기 어렵다고 경고합니다. 그는 세상이 도덕적으로 완전하지 않으며, 군주가 모든 상황에서 선을 행하려 한다면, 결국 비도덕적이고 냉혹한 사람들로 인해 파멸할 것이라고 주장합니다.

《군주론》15장에서는 군주의 덕목과 현실적인 행동에 대한 논의가 이루어집니다. 마키아벨리는 군주가 도덕적 이상이나 전통적인 미덕에만 얽매일 필요가 없으며, 오히려 현실에 맞는 행동을 해야만 성공할 수 있다고 주장합니다. 군주는 필요한 상황에서는 선을 넘어서 행동할 줄 알아야 하며, 정치적 생존과 국가 안정을 위해서는 때로 비도덕적인 행동도 정당화될 수 있다고 말합니다. 이와 관련한 사례로써 프랑스의 루이 11세를 언급합니다. 그는 '거미왕'이라는 별명으로 불릴 정도로 정치적 기만술을 통해 왕국을 안정시키고 권력을 확장한 군주로 유명합니다. 루이 11세는 자신의 권력을 공고히 하기 위해 필요할 때는 잔인함과 기만을 사용했으며, 교활함으로 적들을 통제하고 동맹을 교묘하게 다루었습니다.

루이 11세는 도덕적인 군주가 아니었으며, 선행보다는 정치적 현실을 더 중시했습니다. 예를 들어, 그의 가장 대표적인 정치적 전략 중 하나는 부르고뉴 공작 샤를과의 갈등에서 나타납니다. 부르고뉴 공국은 당시 유럽에서 프랑스를 견제할 수 있을 정도로 강력한 독립적인 세력으로, 루이 11세는 이 지역을 프랑스에 통합하기 위해 다양한 수단을 동원했습니다. 그는 기만술을 사용하여 부르고뉴 공작과 그의 동맹 세력 간의 갈등을 조장하고, 이들을 이간질하며 프랑스에 유리한 위치를 확보했습니다. 부르고뉴 공작 샤를과 그 동맹은 서로 신뢰를 잃으면서 이는 루이에게 유리하게 작용했고, 이를 통해 루이는 프랑스 중앙집권화를 더욱 확고히 했습니다.

또한 루이 11세는 프랑스 내 반란 세력을 진압하는 데도 냉정하고 현실적인 접근을 취했습니다. 반란 세력을 무력으로 억압하는 동시에, 그들에게 경제적 지원이나 지위를 보장하여 불만을 잠재우기도 했습니다. 그는 전략적으로 적절한 동맹을 형성하여 자신의 권력을 강화하고 안정성을 확보했습니다. 예를 들어, 루이는 잉글랜드 및 교황청과의 동맹을 통해 주변 세력들과의 충돌을 피하고, 필요할 때는 협력 관계를 통해 자신의 입지를 다졌습니다.

루이 11세의 이러한 수단들이 도덕적으로는 비난받았어도 그의 정책은 프랑스의 국가적 통일과 중앙집권 강화라는 장기적 목표를 이루는 데 크게 기여했습니다. 이는 마키아벨리가 말한 비도덕적인 행동의 정당화를 잘 보여줍니다.

군주론 인생 공부

때때로 우리는 윤리적이고 올바른 행동을 유지하려 노력하지만, 현실 세계에서는 그런 노력이 오히려 약점으로 작용할 수 있습니다.

현대 사회에서 우리는 경쟁이 치열하고 복잡한 인간관계 속에 놓여 있습니다. 이러한 환경에서는 단순히 선의만으로는 상황을 해결하기 어려운 경우가 많습니다. 예를 들어 직장에서 상사나 동료들이 부정직하게 행동할 때, 그에 맞서 정직하게 행동하는 사람은 오히려 불이익을 당할 수 있습니다. 이러한 상황에서 생존하기 위해서는 현실적이고 전략적인 접근이 필요합니다.

우리가 마주하는 모든 상황 속에서 윤리적이고 이상적인 행동을 유지하는 것은 좀처럼 쉽지 않습니다. 비즈니스 세계에서는 윤리적인 경영이 중요하지만, 동시에 현실적인 이해와 전략적인 사고도 필요합니다. 정치에서는 공익을 추구하는 이상적인 리더가 때로는 현실적인 문제와 타협해야 하는 상황에 직면하게 됩니다. 게다가 우리는 살아가며 언제 어디서든 도덕적인 딜레마에 빠질 수 있습니다. 예를 들어 식당을 경영하는데 금방 쓰러질 것처럼 허약해 보이는 노숙자 한 명이 찾아와 측은지심에 식사를 대접하자, 다음 날부터 매일 같이 식당을 찾아와 식사를 요구하거나 다른 노숙자들을 데려오는 경우에는 어떻게 행동하는 게 옳은지 생각해 볼 필요가 있습니다.

따라서 마키아벨리의 이번 명제는 우리가 세상을 살아가면서 이상과 현실의 균형을 맞추는 것이 중요하다는 것을 상기시켜 줍니다. 선을 행하는 것은 중요하지만, 현실의 냉혹함을 무시해서는 안 됩니다. 우리는 이상을 추구하면서도 현실적인 문제를 직시하고, 그에 맞는 전략과 지혜를 발휘해야 합니다. 이를 통해 보다 나은 세상을 만들기 위해 노력하면서도, 자신의 생존과 번영을 도모할 수 있습니다.

이상이 아닌 현실적인 접근으로 문제를 바라보라

21

모든 문제의 근원은
자기 자신이다

"자신의 불행을 초래한 자는 자신을 탓해야 한다."

"Chi è causa del suo male pianga sé stesso."

-《군주론》 3장 중에서-

러시아의 대문호 도스토옙스키의 소설 《죄와 벌》에서 주인공 라스콜니코프는 극심한 가난과 절망 속에서 무력감과 혼란에 빠진 젊은 대학생입니다. 그는 세상을 개선하려는 극단적 사고방식에 빠져, 소위 '위대한 사람은 범죄를 통해 사회를 변화시킬 권리가 있다'라는 위험한 이념을 품고, 자신을 초인적인 존재라고 여깁니다. 이런 믿음을 바탕으로 그는 무고한 노파를 살해할 계획을 세우고 이를 실행에 옮기며, 자신의 행동을 합리화하려고 애씁니다. 하지만 살인 후 곧바로 라스콜니코프는 내적 갈등과 죄책감에 시달리기 시작합니다. 그는 자신을 초인이라 여겼지만, 자신의 심리적 한계를 마주하면서 고통을 겪습니다.

《죄와 벌》은 이 과정을 통해 독자에게 윤리와 인간 본성에 대해 깊은 질문을 던지며, 라스콜니코프가 자신의 양심과 본능을 거스르는 죄악을 저지르면서 느끼는 괴로움을 정교하게 묘사합니다. 이 내적 갈등은 그를 더욱 혼란스럽게 하고, 점점 정신적, 육체적으로 피폐해지게 만듭니다. 결국 그는 자신의 죄를 인정하고 법적 처벌을 받게 됩니다. 그러나 이 과정은 단순한 법의 심판에 그치지 않습니다. 라스콜니코프는 자신을 정화하고 용서받기 위해 자신의 깊은 내면과 대면을 시작하며, 고통을 통한 구원과 재탄생의 길을 걸어갑니다.

이 사례는 우리의 선택과 행동이 어떻게 우리의 삶에 영향을 미치는지를 보여줍니다. 라스콜니코프는 자신에게 닥쳐온 엄청난 불행과 고통을 초래한 것이 다른 누구도 아닌 자신임을 인정하고, 결국 자기 책임을 받아들입니다. 우리는 종종 불행이나 고통을 겪을 때 외부 환경이나 다른 사람들을 탓하지만, 자신의 선택과 행동을 돌아봐야 할 책임이 있습니다.

마키아벨리도 《군주론》에서 군주가 자신의 불행을 초래한 경우를 설명하는 구체적인 예시로 피에로 데 메디치의 몰락을 듭니다. 피에로는 피렌체의 메디치 가문의 일원으로, 그의 아버지 로렌초 데 메디치의 뒤를 이어 피렌체를 통치했

군주론 인생 공부

습니다. 하지만 피에로는 외교적 실수와 나쁜 판단으로 인해 피렌체에서 메디치 가문의 지배권을 잃게 됩니다. 그의 통치는 외교적 실수와 무능한 판단으로 점철되었고, 이는 결국 피렌체에서 메디치 가문이 몰락하게 되는 결정적인 원인이 됩니다.

1494년, 프랑스 왕 샤를 8세가 이탈리아 원정을 시작하면서, 이탈리아반도는 여러 외세와 도시국가 간의 긴장이 고조되었고, 피렌체는 샤를의 군대가 북이탈리아를 점령하면서 위협에 직면하게 되었습니다. 이때 피에로는 프랑스와의 협상을 시도하여 피렌체를 보호하고자 했지만, 그는 이 과정에서 샤를에게 지나치게 유화적이고 굴종적인 태도를 보였습니다. 피렌체의 자존심을 지키기보다는, 너무 쉽게 샤를의 요구를 수용하며 피렌체의 독립성을 위협하는 양보를 하게 됩니다. 예를 들어, 그는 샤를에게 피렌체의 요새를 넘겨주고, 피렌체의 영토와 경제적 이익을 희생하면서까지 샤를과 협력했습니다.

피에로의 이러한 굴욕적인 외교는 피렌체 군중들의 큰 반발을 불러일으켰습니다. 군중들은 피렌체의 독립과 자주권을 손상시키는 피에로의 결정에 크게 실망했으며, 이는 메디치 가문에 대한 지지를 약화시키는 결과를 초래했습니다. 피에로가 보인 굴욕적 외교와 무능한 판단은 메디치 가문에 대한 피렌체 군중들의 신뢰를 크게 훼손했고, 군중들은 피에로를 통치자로서의 자격이 없다고 여기게 됩니다.

결국, 피렌체 군중들은 그에 대한 반감을 행동으로 옮겨 피에로를 강제로 추방했고, 메디치 가문은 피렌체에서의 지배권을 잃게 됩니다. 이는 마키아벨리가 강조한 바와 같이 자신의 잘못으로 인해 불행을 자초한 경우입니다.

우리는 살아가면서 다양한 선택의 기로에 서게 됩니다. 직장, 인간관계, 경제 등 모든 분야에서 우리의 선택은 직접적으로 우리의 삶에 영향을 미칩니다. 예를 들어 자산 관리를 소홀히 하고 과도한 소비를 일삼는다면, 결국 경제적 어려움에 처하게 됩니다. 이런 상황에서 외부 요인만을 탓하기보다는 자신의 선택과 행동을 반성하고 개선하는 것이 필요합니다.

자신의 잘못을 인정하고 반성하는 과정에서 우리는 더 나은 선택을 할 수 있는 지혜와 용기를 얻습니다. 비즈니스 세계에서도 마찬가지입니다. 실패한 프로젝트나 사업에서 배운 교훈을 통해 우리는 더 나은 전략을 세우고 성공에 한 걸음 더 다가갈 수 있습니다. 자신의 실수를 인정하고 책임지는 모습을 보일 때, 더 큰 신뢰와 존경을 받을 수 있습니다.

자신의 불행을 초래한 원인을 외부에서 찾기보다는《죄와 벌》의 라스콜니코프와 메디치 가문의 사례처럼 자신의 선택과 행동을 돌아보고 반성하는 태도가 필요합니다. 책임을 인정하고, 더 나은 선택을 통해 미래를 개척해 나가는 자세가 중요합니다.

외부 요인보다 자신의 행동을 반성하라

PART 3

적은 항상 내부에 있으니
측근을 경계하라

22

과도한 인자함을
경계하라

"현명한 군주는 인자한 사람으로
여겨지는 것보다 인색한 사람으로
여겨지는 것을 선호해야 한다."

"Il principe prudente deve preferire essere tenuto per miserabile che per liberale."

-《군주론》 16장 중에서-

찰스 디킨스의 소설 《크리스마스 캐럴》에서 주인공 스크루지는 인색한 사람으로, 직원들에게 매우 엄격하고 돈을 아끼는 생활을 합니다. 처음에는 이러한 태도가 그의 주변 사람들에게 냉혹하게 보였으나, 결국 그는 자신의 재정을 안정적으로 유지하면서 성공한 사업가로 남게 됩니다. 하지만 크리스마스이브에 세 유령의 방문을 통해 과거, 현재, 미래를 돌아보며 자신의 인색함이 주변 사람들에게 어떤 영향을 미쳤는지 깨닫게 됩니다. 이 과정에서 그는 자신의 인색함이 자신과 타인에게 미치는 부정적인 영향을 반성하게 되지만, 재정적인 안정성 자체는 여전히 중요한 가치로 남습니다.

이번 명제는 지도자나 관리자의 입장에서 자원의 관리와 절약이 중요하며, 무분별한 인자함이 오히려 장기적으로 해로울 수 있음을 이야기하고 있습니다. 이는 개인의 재정 관리, 조직의 자원 배분, 국가의 예산 집행 등 다양한 현대적 맥락에서 볼 때도 의미가 있습니다. 마키아벨리는 군주가 지나치게 인자한 사람으로 보이기 위해 과도하게 돈을 쓰면, 결국 재정적 어려움에 처해 군중들에게 세금을 과도하게 부과하거나 자신의 지위를 위태롭게 할 수 있다고 경고합니다.

마키아벨리는 교황 율리오 2세를 예로 들며, 그가 어떻게 관대함을 지나치게 발휘했는지 설명합니다. 그는 교황직을 수행하는 동안 자신의 명성을 드높이고자 여러 정책을 통해 군중들에게 관대한 모습을 보여주었습니다. 이러한 관대함은 일시적으로는 인기를 얻고 많은 이들의 지지를 얻는 데 효과적이었지만, 장기적으로는 국가 재정을 악화시키는 원인이 되었습니다.

율리오 2세는 교황으로서 사람들의 삶의 질을 개선하고 사회적 불만을 해소하기 위해 넉넉하게 지원금을 지급하고, 많은 공공 프로젝트를 추진했습니다. 특히 그는 바티칸의 성 베드로 대성당 재건을 추진하며, 이와 같은 건축 사업을 통해 교회의 영광을 회복하고자 했습니다. 그러나 이러한 사업은 막대한 비용을 필요로 했고, 국가 재정에 심각한 부담을 가중시켰습니다. 율리오 2세의 관대함이 바탕이 된 이 정책들은 일시적으로는 많은 이들의 지지를 얻었으나, 지속 가능한 재정적 뒷받침 없이 추진된 것이었기에 장기적으로는 문제가 되었습니다.

율리오 2세의 정책으로 인해 교황령은 막대한 빚을 지게 되었고, 이는 국가 재정의 불안정으로 이어졌습니다. 이러한 정책으로 인해 국가 재정이 악화되자, 율리오 2세는 이 재정을 충당하기 위해 새로운 세금과 성직매매 같은 부적절한 방법에 의존하기도 했습니다. 이로 인해 교회 내 부패가 발생하였고, 이는 대중의 불만을 초래하여 오히려 율리오 2세의 지지 기반을 흔드는 결과를 낳았습니다.

마키아벨리는 율리오 2세의 예를 통해 관대함이 군주의 권력 유지에 해로울 수 있음을 보여주며, 인색함을 선택하는 것이 더 나은 전략이라고 강조합니다. 이는 군주론 전반에 흐르는 정치적 현실주의의 연장선에 있으며, 도덕적 미덕보다는 실용적 선택을 중시하는 마키아벨리의 철학을 반영합니다.

개인이든 기업이든 공동체든 국가든 사회에서 살아가려면 자원과 예산의 효율적인 관리가 매우 중요합니다. 예를 들어 기업 경영에서는 자원을 잘못 분배하면 장기적으로 회사의 재정 상태에 큰 타격을 줄 수 있습니다. 초기에는 직원들에게 후한 복지나 보너스를 제공하여 인기를 얻을 수 있지만, 이것이 지속 가능하지 않다면 결국 기업 전체의 위기를 초래할 수 있습니다. 따라서 현명한 경영자는 자원을 효율적으로 사용하고, 필요할 때는 인색하게 보일지라도 장기적인 안정을 위해 절약하는 것이 필요합니다.

앞서 살펴본 사례에서 스크루지는 재정적 안정을 위해 인색함을 선택했지만, 그 이후의 변화는 단순히 인색함을 뉘우치고 후하게 행동하는 것이 아니라, 지혜롭게 자원을 관리하는 것의 중요성을 강조합니다. 이는 현대 사회에서 개인과 조직 모두가 배워야 할 중요한 교훈입니다. 자원을 어떻게 관리하고, 어떻게 효율적으로 사용할지에 대한 현명한 판단이 장기적인 성공과 안정을 가져올 수 있습니다.

자원을 현명하게 관리하고 배분하라

23

목적을 위해
위장하라

"군주가 모든 덕목을 가질 필요는 없지만,
그것을 가진 것처럼 보여야 한다."

"Non è necessario che un principe possieda tutte le virtù,
ma è indispensabile che sembri possederle."

–《군주론》 18장 중에서–

　　셰익스피어의 《베니스의 상인》에서 포샤는 지혜롭고 용
감하게 법을 다루며, 여성이지만 남성 변호사로 변장해 법정
에 서는 과감한 변신을 감행합니다. 이 법정 장면에서 포샤
는 남성 변호사로 위장하여 안토니오와 샤일록 간의 갈등을
해결하려는 의지로 법정에 나섭니다. 그녀는 실제로 법률 전
문가가 아니지만, 법과 계약의 세부 사항을 면밀히 해석하며
사람들을 설득해 냅니다. 그녀의 말을 신뢰하게 만드는 능숙
한 법 해석과 예리한 논리력은 법정에 있던 모두가 그녀를
진짜 변호사로 믿게 합니다. 이 장면에서 포샤는 샤일록에게
빌려준 돈을 갚지 않으면 안토니오의 살을 잘라낼 수 있다
는 계약 조건을 확인시키고, 안토니오의 목숨이 위태로운 것

처럼 보이게 만듭니다. 그러나 그녀는 곧 계약에 따라 살을 잘라낼 수는 있지만, 피를 흘려서는 안 된다고 명시하지 않았다는 점을 지적합니다. 이 말에 따라 만약 샤일록이 살을 잘라낼 때 피를 흘리게 되면, 그는 베니스 법에 따라 처벌을 받아야 하는 상황에 놓이게 됩니다. 결국 포샤는 법의 틈새를 예리하게 파고들어 샤일록의 잔혹한 요구를 무산시키고 안토니오를 구해냅니다.

오늘날의 사회에서는 이미지와 인식이 중요한 역할을 합니다. 우리는 종종 다른 사람의 진정한 성격이나 능력을 알기 어렵기 때문에, 그들이 보여주는 모습에 의존하게 됩니다. 예를 들어 정치인이나 기업의 CEO는 항상 도덕적이고 윤리적인 인물로 보이기 위해 노력합니다. 이는 대중의 신뢰와 지지를 얻기 위해 필수입니다.

실질적으로 모든 덕목을 갖추는 것은 어렵지만, 그러한 덕목을 갖춘 것처럼 보이는 것은 가능하며, 이는 리더십과 성공에 중요한 요소가 됩니다.

마키아벨리는 《군주론》에서 알렉산데르 6세를 이미지 관리의 대가로 칭송합니다. 그는 알렉산데르 6세가 신의를 지키지 않았지만, 이미지 관리를 통해 적들을 능숙하게 다루고 권력을 유지할 수 있었다고 설명합니다. 알렉산데르 6세는 군주로서 항상 이미지와 권위를 유지하는 것이 중요하다는 것을 잘 이해하고 있었습니다. 그는 필요할 때 덕 있는 모습을 보이며 군주로서 존경받는 이미지를 구축하려 했고, 이러한 이미지는 그가 기만적인 행동을 통해 약속을 깨거나 속임수를 사용하더라도, 그에게 불리한 여론을 최소화하는데 도움을 주었습니다. 예를 들어, 그는 정치적 동맹을 맺을때 약속을 쉽게 어기곤 했지만, 그러한 결정이 개인적인 배신으로 보이지 않게 하려는 전략적 이미지를 항상 유지했습니다.

알렉산데르 6세는 필요할 때마다 거짓 약속을 통해 자신의 목표를 달성했습니다. 그는 군사적, 정치적 동맹을 구할때, 충성을 약속하거나 우호적인 제스처를 보이며 적들을 혼란스럽게 만들고, 자신의 목적을 달성하면 서슴없이 약속을 저버리는 방식을 자주 사용했습니다. 이러한 행동은 도덕적으로 비난받을 수 있었지만, 알렉산데르 6세는 기만을 정교하게 설계함으로써 적들이 쉽게 대응할 수 없는 상황을 만들어냈습니다.

알렉산데르 6세의 기만적 전략은 그의 아들 체사레 보르자의 권력 확장 과정에서도 드러납니다. 그는 체사레의 정치적 야망을 지지하기 위해 유럽의 강대국들 간의 갈등을 이용했으며, 어느 쪽도 쉽게 신뢰할 수 없는 상황을 만들어

군주론 인생 공부

권력 균형을 조절했습니다. 알렉산데르 6세는 이러한 방식으로 정적을 제압하고 자신의 권력을 공고히 했으며, 결국 그의 이미지와 권력은 상호 시너지로 작용했습니다. 그는 항상 덕을 지니고 있지는 않았지만, 덕 있는 군주처럼 보이도록 행동했고, 이는 그가 권력을 유지하고 확장하는 데 큰 역할을 했습니다.

이 사례는 군주가 덕목을 실질적으로 가질 필요는 없지만, 덕 있는 것처럼 보이는 것이 중요하다는 마키아벨리의 주장을 뒷받침합니다. 알렉산데르 6세는 정직하지 않았지만, 사람들에게는 성실한 교황으로 인식될 수 있었고, 이로 인해 자신의 기만적인 행동을 정당화할 수 있었습니다.

알렉산데르 6세와 희극 《베니스의 상인》의 사례는 우리가 종종 겪는 상황을 잘 보여줍니다. 포샤는 자신의 진정한 능력보다 상황을 해결하기 위해 변호사로 위장했으며 이러한 행동은 그녀의 목적을 달성하는 데 큰 도움이 됩니다. 마찬가지로, 우리는 종종 자신의 이미지를 관리하고, 필요한 덕목을 갖춘 것처럼 보이기 위해 노력해야 할 때가 많습니다. 이는 개인적인 성공뿐만 아니라, 직업적 성장과 사회적 인정을 받는 데도 중요한 역할을 합니다.

또한 이러한 사례는 기업이나 조직에서도 적용될 수 있

습니다. 기업은 종종 윤리적이고 사회적으로 책임 있는 이미지를 유지하기 위해 노력합니다. 이는 고객과 투자자들의 신뢰를 얻기 위함이며, 장기적인 성공을 위해 꼭 필요한 요소입니다. 예를 들어 환경친화적인 이미지를 구축하는 기업들은 실제로 모든 환경 문제를 해결하지 못하더라도, 그러한 이미지를 통해 고객의 신뢰를 얻고 시장에서 경쟁 우위를 점할 수 있습니다.

결론적으로, 마키아벨리의 이번 명제는 현대 사회에서 이미지와 인식의 중요성을 강조합니다. 모든 덕목을 갖추는 것이 이상적이지만, 현실적으로 그것이 어려운 상황에서는 그러한 덕목을 갖춘 것처럼 보이는 것이 중요합니다. 이러한 마키아벨리의 사상은 개인과 조직 모두에게 적용되는 중요한 교훈으로, 성공과 신뢰를 얻기 위해 필요한 전략적 접근법을 제공합니다.

신뢰를 얻기 위해 때론 위장해라

군주론 인생 공부

24

정복에 대한 욕망은
당연한 것이다

"정복에 대한 욕망은
자연스럽고 일반적인 것이다."

"Il desiderio di conquista è una cosa naturale e comune."

-《군주론》 3장 중에서-

　　알렉산더 대왕은 기원전 4세기에 마케도니아 왕국의 왕으로 즉위한 후, 그의 정복 욕망을 실현하기 위해 대대적인 군사 원정을 시작했습니다. 그는 페르시아 제국을 무너뜨리고, 인도까지 진출하며 거대한 제국을 건설했습니다. 알렉산더 대왕의 정복 욕망은 그의 군사적, 정치적 능력을 발휘하게 했고, 결과적으로 세계 역사에 큰 영향을 미쳤습니다. 알렉산더 대왕의 이야기는 정복에 대한 욕망이 어떻게 인간의 본성과 연결되어 있는지를 보여줍니다. 그는 단순히 영토를 확장하는 것에 그치지 않고, 다양한 문화를 접하며 지식을 넓히고, 자신만의 이상적인 세계를 구축하고자 했습니다. 이러한 욕망은 끊임없이 도전하고 성취하고자 하는 인간의 본성을 잘 나타냅니다.

마키아벨리는 인간의 본성에 대한 깊은 통찰을 통해 인간이 본질적으로 성장하고 확장하려는 욕망을 가지고 있음을 강조합니다. 그는 인간이 권력과 성공을 추구하는 과정에서 자신이 가진 것을 늘리려는 본능을 가지고 있다고 봅니다.

《군주론》 3장은 혼합 군주국에 대해 설명하는 부분으로, 기존에 존재하던 국가에 새로운 영토를 추가하는 방식의 통치를 다룹니다. 마키아벨리는 군주가 새로운 영토를 얻고, 정복을 통해 자신의 권력을 확장하려는 욕망을 가지는 것이 자연스럽고 당연한 일이라고 설명합니다.

위 사례에서 언급한 알렉산더 대왕을 예시로 들며, 마키아벨리는 그의 정복이 얼마나 성공적이었는지를 설명합니다. 알렉산더는 페르시아 제국을 정복한 후 완전히 새로운 체제를 강요하지 않고, 오히려 페르시아의 기존 관습과 관료 체계를 활용하여 자신의 통치 기반을 강화했습니다. 예를 들어, 그는 페르시아의 귀족과 장군들을 군사적 동맹으로 삼아, 이들이 정복 후에도 정치적 권력을 일부 유지할 수 있도록 했습니다. 이 접근은 알렉산더의 페르시아 내 통치가 대규모 반란 없이 안정적으로 이어질 수 있게 했습니다. 또한, 그는 페르시아의 복잡한 관료 시스템을 유지하며 그 지역 주

군주론 인생 공부

민들이 변화에 반감을 가지지 않도록 했습니다.

알렉산더는 정복한 지역의 종교와 문화를 존중함으로써 자신을 정복자가 아닌 동화된 군주로 인식시키려 했습니다. 그는 페르시아인들이 중요한 의식을 행하는 방식을 존중했고, 자신의 통치 체제에도 이를 반영했습니다. 또한, 그는 페르시아 귀족들의 딸들과 정략결혼을 하며 두 문화 간의 결속을 강화했습니다. 이러한 전략은 그가 단순히 페르시아를 정복한 것이 아니라, 페르시아 사회에 자연스럽게 동화되려는 의도를 보여주었으며, 이는 그의 지배를 더욱 안정적으로 만들었습니다. 즉 그는 페르시아의 기존 체제를 완전히 파괴하지 않고, 오히려 그들의 문화를 존중하면서 자신이 군주로서 받아들여지게끔 했습니다.

이 사례는 마키아벨리가 강조한 대로, 정복 자체보다 정복 이후의 통치도 중요한 과제임을 잘 보여줍니다. 정복에 대한 욕망은 자연스러운 것이지만, 그 욕망이 성공적으로 실현되기 위해서는 정복 이후의 통치가 더욱 치밀하게 계획되어야 한다는 충고도 곁들입니다.

정복은 굉장히 다양한 의미로 해석될 수 있습니다. 우리는 살아가면서 개인의 성장과 성공을 위해 끊임없이 노력합니다. 이러한 성공과 성장에 대한 욕망은 굉장히 자연스러운 것으로, 이를 통해 우리는 더 나은 삶을 추구하고 자신을 발전시킬 수 있습니다.

이렇듯 하나의 거대한 사회를 이루고 살아가려면 누구든 정복에 대한 욕망을 품고 살아갑니다. 개인은 자신의 성공과 목표를 위해 학업을 성취하고 경력을 쌓는 등의 노력을 하며, 기업이나 조직은 시장에서의 입지를 확대하고 성과를 높이기 위해 전략을 세웁니다. 국가는 국제 사회에서 더 큰 힘을 얻어 영향력을 행사하고, 국민의 삶의 질과 국격을 높이기 위해 노력합니다. 이러한 욕망은 매우 자연스럽고 일반적인 것으로, 이를 통해 우리는 지속적으로 성장하고 발전할 수 있습니다.

중요한 것은 이러한 욕망이 긍정적인 방향으로 발현되기 위해서는 상황에 맞게 신중히 판단하고, 치밀한 전략을 세워 앞으로 나아갈 준비가 되어 있어야 한다는 점입니다. 알렉산더 대왕의 정복은 많은 희생을 동반했지만, 그는 자신의 이상을 실현하기 위해 노력했습니다. 이처럼 우리도 정복 욕망을 긍정적인 방식으로 채워야 하며, 이를 통해 자신의 삶과 사회에 기여할 수 있어야 합니다. 이는 단순히 물리적인 확장만이 아니라 지식, 기술, 인간관계 등 다양한 측면에서의 성장을 의미합니다.

마키아벨리의 이번 명제는 정복에 대한 욕망은 자연스럽고 일반적인 것이며, 이를 긍정적으로 활용하면 개인과 사회 모두에게 큰 발전을 가져올 수 있다는 메시지를 전달합니다.

욕망을 긍정적으로 활용하라

25

인간 본성의
어두운 면을 직시하라

> **"인간은 대체로 변덕스럽고 위선적이며
> 탐욕스럽다고 할 수 있다."**
>
> "Si può dire questo generalmente degli uomini: che siano ingrati, volubili,
> simulatori e dissimulatori, fuggitori dai pericoli, cupidi di guadagno."
>
> —《군주론》 17장 중에서—

　톨스토이의 소설 《부활》에서 주인공 네흘류도프는 자신의 특권을 누리며 귀족으로서 이기적이고 탐욕적으로 살아가다가 과거에 자신이 상처 준 농촌 소녀 카튜샤를 법정에서 재회하게 됩니다. 젊은 시절, 네흘류도프는 순진했던 카튜샤를 유혹하고 떠나면서 자신의 행위에 대해 깊이 생각하지 않았습니다. 그러나 시간이 흐르고, 카튜샤가 피고인으로 법정에 서서 고통스러운 표정으로 눈앞에 나타나자 네흘류도프는 자신의 위선적이고 변덕스러운 행동이 그녀의 삶에 미친 영향을 깨닫기 시작합니다. 재판정에서 누명을 쓴 카튜샤의 고통을 목격하면서, 그는 처음으로 자신의 과오를 진정으로 반성하게 됩니다. 네흘류도프는 단지 동정에 머무

르지 않고, 그녀를 구원하고자 헌신적으로 노력하기로 결심합니다. 이러한 결심은 그의 내면에 깊은 변화를 일으키고, 자신의 죄를 속죄하기 위해 힘쓰는 길로 이끕니다. 이를 통해 그는 부와 지위를 초월해, 자신의 과오와 인간의 본성을 직시하며 도덕적 책임을 찾아가는 여정에 돌입하게 됩니다.

마키아벨리도 인간 본성의 어두운 면을 직시하며, 사람들이 종종 자신에게 유리한 대로 행동하고, 상황에 따라 쉽게 변하며, 물질적 이익을 추구하는 경향이 있음을 지적합니다. 이러한 통찰은 우리의 삶과 인간관계, 사회 구조를 이해하는 데 큰 도움이 됩니다.

마키아벨리는 《군주론》에서 인간의 본성을 현실적으로 바라보며, 인간이 변덕스럽고 위선적이며 자신에게 이익이 되는 방향으로 움직이는 존재라고 묘사합니다. 그는 군주가 군중들의 사랑에만 의존해서는 안 되며, 두려움을 통해서도 권위를 확립해야 한다고 강조합니다. 마키아벨리에 따르면, 인간은 본질적으로 이기적이고 위선적입니다. 인간은 겉으로는 군주에게 충성을 맹세하고 사랑을 보여주지만, 이는 군주가 자신에게 이익을 줄 때에 한해서만 유효합니다. 그는 군주가 어려움에 처하거나 위험에 빠졌을 때, 군중들이 이를 핑계로 군주를 쉽게 배신할 가능성이 크다고 경고합니다. 따라서 군주는 단순히 사랑받는 것만으로는 안정적인 통치를 유지할 수 없다고 주장합니다.

이와 같은 견해를 설명하기 위해 마키아벨리는《군주론》에서 루크레치아 공작(공작 루도비코 스포르차)의 예를 통해 인간의 어두운 본성을 활용한 또 다른 사례를 설명합니다. 루크레치아 공작은 밀라노의 통치자로, 프랑스군의 힘을 빌려 이탈리아에서 자신의 권력을 유지하려 했습니다. 그러나 그의 주변 인물들은 변덕스럽고, 자기 이익을 좇는 성향을 가지고 있었습니다. 공작이 프랑스군에 의존하면서 주변 귀족들의 불만이 커졌고, 하나둘 그를 배신하고 떠나게 됩니다. 결국 루크레치아는 프랑스군이 밀라노를 점령하자 측근의 배신으로 권력을 상실하게 됩니다.

또한 마키아벨리는 군주가 현실적인 접근을 통해 군중들의 성향을 이해하고 그에 따라 통치 전략을 세워야 한다고 주장합니다. 그의 견해는 군주가 군중을 사랑하고 그들의 사랑을 얻기 위해 노력해야 한다는 이상적인 생각보다는, 인간의 본성이 위기 상황에서 변덕스럽고 이기적일 수밖에 없다는 현실을 반영하고 있습니다. 군주는 인간의 이러한 본성을 이해하고 이를 기반으로 두려움을 통한 통제를 전략적으로 활용해야 하며, 이것이 장기적으로 안정적인 통치를 가능하게 하는 핵심 요소라는 것입니다.

군주론 인생 공부

치열한 경쟁과 빠르게 변화하는 현대 사회 속에서 인간의 본성은 더욱 두드러지게 나타납니다. 사람들은 자신의 이익을 위해 언제든 변덕스럽게 행동할 준비가 되어 있으며, 위선적인 태도를 취할 수 있습니다. 이러한 행동은 보통 눈앞에 놓인 이익을 얻기 위해 자행되지만, 장기적으로 볼 때 이러한 품행은 신뢰를 잃고 다른 사람들과의 관계를 훼손할 수 있습니다.

앞서 살펴본 톨스토이의 소설 《부활》에서 네흘류도프의 이야기는 인간이 자신의 욕망과 이익을 위해 얼마나 쉽게 변할 수 있는지를 잘 보여줍니다. 그는 처음에는 자신의 특권과 이익을 위해 다른 사람을 희생시키는 것을 서슴지 않았지만, 어느 순간 자신의 잘못을 깨닫고 속죄하려는 과정을 통해 진정한 변화를 추구합니다. 이는 우리의 삶에도 유효한 교훈을 제공합니다. 사람들은 종종 자신의 이익을 위해 다른 사람들을 속이거나, 상황에 따라 태도를 바꾸며 물질적 이익을 추구합니다. 이는 인간이 가진 본성의 한 측면으로 누구나 위선적이고 탐욕스러운 욕망을 가질 수 있습니다.

이러한 인간 본성의 어두운 면을 들여다보고 이해하는 것은 한 사회의 구성원으로서 목표를 가지고 진리를 추구하며 살아감에 있어 현실적인 전략을 세우는 데 도움이 됩니다. 많은 사람을 만나고 다양한 경험을 통해 우리는 성장하고 더 나은 삶을 위해 나아갑니다. 인간의 본질을 탐구하고 본성의 어둠을 직시하는 것은 조금 더 나은 인간이 되기 위해 꼭 필요한 부분입니다. 아울러 우리는 인간 본성의 변덕스러움과 탐욕을 인식하고, 이를 관리하며 통제할 수 있는 능력을 갖춰야 합니다.

탐욕스러운 인간의 한 측면을 고려해야 한다

26

최소한의 악을
선택하라

"지혜란 문제의 본질을 구분하고,
더 최소한의 악을 선택하는 데 있다."

"La saggezza consiste nel saper distinguere la natura dei pericoli e nell'accettare il male minore."

─《군주론》 21장 중에서─

　　제2차 세계대전 중 영국 총리였던 윈스턴 처칠은 비밀 정보 수집 프로그램인 울트라 프로그램을 통해 독일군의 코 번트리 공습을 미리 파악하고 있었습니다. 그러나 처칠은 민 간인의 희생을 감수하면서까지 독일군의 공격을 막지 않기 로 결정했는데, 이는 영국이 그들의 암호를 해독했다는 사 실을 독일군이 알아차리지 못하도록 하기 위한 선택이었습 니다. 만약 영국이 코번트리 공습에 대비해 대대적인 방어 조치를 취했다면 독일군은 암호가 노출된 사실을 알아차리 고 암호 체계를 변경할 가능성이 컸습니다. 처칠은 장기적인 전쟁 승리를 위해 이 정보를 보호하고자 했습니다. 이 결정 은 더 큰 승리를 위한 '더 적은 악을 선택하는' 전략적 판단을 의미합니다. 울트라 프로그램의 비밀을 유지함으로써 영국은 독일군의 작전을 미리 파악할 수 있다는 큰 이점을 계속 유지할 수 있었고, 이는 전쟁의 향방에 결정적인 영향을 미쳤습니다. 비록 코번트리의 민간인들이 일부 희생되었으나, 이 정보의 보호 덕분에 나중에 독일군을 효과적으로 제압할 수 있었습니다. 처칠의 이러한 선택은 리더의 도덕적 딜레마를 보여주고, 대의를 위하여 차악을 선택한 사례로 평가받고 있습니다.

마키아벨리의 이번 명제도 우리가 직면한 문제들을 정확히 이해하고, 다양한 선택지들 중에서 가장 적은 피해를 가져오는 결정을 내리는 것이 중요하다는 메시지를 전달합니다.

《군주론》 21장에서는 군주가 자신의 명성을 쌓고 유지하는 방법을 논의합니다. 이와 관련하여 페르난도 2세(페르디난드 2세)를 언급하면서, 그가 더 적은 악을 선택한 지혜로운 통치자로서 위험을 어떻게 현명하게 관리했는지 사례를 제시합니다.

스페인의 페르난도 2세는 아라곤 왕국의 왕으로서, 카스티야의 이사벨 여왕과 결혼하여 스페인의 통합을 이룩한 인물입니다. 그는 자신의 군사적, 정치적 역량을 발휘하여 국토회복 운동(레콩키스타)을 성공적으로 마무리하고, 스페인을

군주론 인생 공부

강력한 중앙집권 국가로 만들었습니다. 그의 대표적 업적 중 하나는 이슬람 세력을 몰아내고 그라나다를 정복하여 스페인을 완전히 기독교 국가로 전환한 것입니다. 이를 통해 페르난도는 종교적 정당성을 확보하면서 대중의 지지를 얻었고, 스페인 내에서 그의 입지를 강화했습니다.

마키아벨리에 따르면, 페르난도 2세는 종교적 정당성을 교묘하게 이용했습니다. 그는 이슬람 세력과의 싸움을 '신앙의 수호'라는 명분으로 내세우며 대중들의 전폭적인 지지를 끌어냈습니다. 특히 그라나다 정복은 군사적 희생과 종교적 탄압이라는 악을 감수하며 진행했는데, 이때 이슬람 세력을 몰아내는 과정에서 많은 희생이 따랐고, 종교재판소 설립과 유대인 및 이슬람교도의 추방 같은 강경한 정책이 시행되었습니다. 그러나 그는 이 선택이 스페인의 완전한 통합과 국가적 안정을 위해 불가피하다고 판단했습니다. 페르난도는 더 큰 혼란과 분열을 막기 위해 최소한의 악, 즉 군사적 정복과 종교적 탄압을 선택한 것입니다. 이를 통해 페르난도는 스페인 내에서 지지 기반을 확고히 다지는 것과 동시에 대중들 사이에서 강력하고 존경받는 지도자로 자리 잡을 수 있었습니다.

페르난도 2세는 내부 안정 외에도 이탈리아, 프랑스와의 외교와 전쟁을 통해 스페인의 영향력을 확장했습니다. 그는 프랑스와의 경쟁에서 이탈리아 내 스페인 세력을 확보하기 위해 전략적으로 개입하며, 이탈리아반도에서의 영향력을 넓혔습니다. 마키아벨리는 페르난도의 이러한 전략을 주목하며 위기의 상황에서 차악을 선택한 능력이라고 칭송합니다. 페르난도는 무모하게 큰 위험을 감수하기보다는, 항상 덜 해로운 선택을 통해 점진적으로 국가의 힘을 키웠으며, 이를 통해 장기적 안정을 확보했습니다.

오늘날 우리는 복잡한 문제와 선택의 기로에 자주 서게 됩니다. 올바른 결정을 내리기 위해서는 문제의 본질을 명확히 파악하고, 가능한 선택지들의 결과를 신중히 예측해야 합니다. 이 과정에서 가장 적은 피해를 줄 수 있는 선택을 하는 것이 중요합니다. 이는 도덕적, 윤리적 측면뿐만 아니라 실용적인 측면에서도 중요합니다. 예를 들어 환경 문제, 경제 정책, 건강관리 등 다양한 분야에서 이러한 접근법은 매우 효과적입니다.

앞에서 살펴본 사례에서 윈스턴 처칠의 결단은 우리가 문제의 본질을 이해하고, 가능한 선택지들 중에서 가장 손해를 덜 보는 것을 선택하는 것이 얼마나 중요한지를 잘 보여ᄅ구 민간인에 피해를 줬지만 장기적으로는 전쟁에서 승리하는 차악을 선택했습니다. 이는 장기적인 전쟁으로 인한 더 많은 희생을 막기 위한 선택으로 문제의 본질을 파악하고, 조금이라도 더 나은 방향으로 가기 위해 신중을 기해야 한다는 의미를 잘 그려내고 있습니다.

'최악보다는 차악이 낫다'라는 말이 있습니다. 만약 우리에게 주어진 선택지가 모두 어떤 피해를 가져가야 할 수밖에 없다면, 모든 선택지의 결과를 신중히 고려하고 가장 적은 피해를 줄 수 있는 최선의 방향으로 나아가야 합니다. 그 선택으로 인해 비록 큰 이득을 포기해야 한다고 해도 최악의 상황을 피할 수 있다면 그 선택을 감수해야 합니다. 눈앞의 큰 이득에 흔들려 최악을 선택한다면 그 선택에 대한 책임은 모두 자신에게 있다는 것을 잊지 말아야 합니다.

멀리 미래를 내다보는 신중한 선택을 통해 우리는 개인과 사회 모두의 지속 가능한 발전을 이룰 수 있을 것입니다.

문제의 본질을 파악하고 덜 해로운 결정을 내려라

고독하게
혼자 나아가라

"누군가가 나를 도와줄 것이라는
믿음에 빠져서는 안 된다."

"Non ci si deve mai cadere con la speranza che qualcuno ti venga a sollevare."

―《군주론》 24장 중에서―

불교 경전인 숫타니파타(Suttanipata)의 "무소의 뿔처럼 혼
자서 가라"라는 구절은 수행자가 흔들림 없이 자기 길을 걷
는 결의를 강하게 상징합니다. 이 문구는 불교 수행자가 주
변의 유혹이나 방해에 쉽게 흔들리지 않으며, 홀로 자신만
의 길을 굳건히 걸어가라는 의미를 담고 있습니다. 이는 특
히 외로움을 두려워하지 않고, 자신의 내면에 집중하며 고요
와 자립을 통해 깨달음에 이르려는 수행자의 독립적인 정신
을 강조합니다. 예를 들어, '무소의 뿔'이라는 상징은 무소가
혼자일 때 더욱 강해지고 당당해지는 모습을 떠올리게 하
며, 외로움이 단순히 고독을 의미하는 것이 아니라, 스스로
를 찾아가는 힘찬 과정임을 일깨웁니다. 이 구절은 수행자가

진정한 깨달음을 이루려면 외부의 요동치는 변화에 흔들리지 않고, 자신의 내면에 깊이 집중해 나아가야 함을 가르칩니다.

마키아벨리는 우리가 어려운 상황에 처했을 때 누군가가 나를 구해줄 것이라는 기대를 버리고, 스스로 문제를 해결하려는 태도를 가져야 한다고 말합니다. 이는 자기 책임과 독립성을 강조하며, 개인의 성장과 성공에 중요한 원칙이 됩니다. 또한 군주는 자신의 운명을 스스로 개척해야 하며, 타인의 도움을 기대하기보다는 자신의 능력과 결단력으로 통치해야 한다고 강조합니다.

마키아벨리는 피렌체가 프랑스 군대에 의존해 피사를 공격하려다 오히려 더 큰 위험에 빠진 사건을 언급하며, 외부 세력에 의존하는 것의 위험성을 강조합니다.

15세기 말, 피렌체는 피사와의 분쟁 속에서 스스로를 강력하게 방어하거나 공략할 만한 군사적 역량이 부족했습니다. 당시 피사는 피렌체의 지배하에 있었으나, 1494년 프랑스의 샤를 8세가 이탈리아를 원정하면서, 이 혼란을 틈타 독립을 선언하려 했습니다. 피렌체는 피사를 되찾고자 했지만, 자체적인 군사력이 부족해 프랑스 군대의 지원을 받기로 합니다. 피렌체는 프랑스와의 동맹을 통해 군사적 지원을 얻었으나, 이는 곧 피렌체의 정치적 자주성을 약화시키는 결과로 이어졌습니다. 마키아벨리는 외세에 의존하면 단기적 군사력은 강화될 수 있지만, 실질적으로는 주권이 약화되며 외부 세력의 정치적 목표에 따라 휘둘리게 된다고 설명합니다. 피렌체는 프랑스 군사력이 제공하는 강력함에 의존하게 되었으나, 이로 인해 프랑스의 정치적 이익을 우선시하는 상황에 처하게 되었고, 이탈리아 내에서의 프랑스의 영향력 확대에 이용당하게 됩니다.

결국, 피렌체는 프랑스와 협력하여 피사를 공격하는 데 실패하게 됩니다. 이는 프랑스가 피렌체의 문제를 자기 목적에 맞게 조정했기 때문이며, 피렌체는 전쟁의 목적을 잃고 정치적 종속 상태에 빠집니다. 프랑스의 개입은 피렌체를 일시적으로 강력해 보이게 만들었지만, 피렌체는 전쟁에서 주도권을 잃고 프랑스의 대리전쟁에 참여하는 형태가 되었습니다. 마키아벨리는 이를 통해, 자국의 자주적인 힘을 기르는 것이 중요함을 강조하며, 외부 세력에 의존하면 장기적 안정을 보장받기 어렵다는 교훈을 제시합니다.

우리는 종종 직장, 학교, 가정 등에서 예상치 못한 문제에 직면하게 됩니다. 이럴 때 누군가의 도움을 기대하는 것은 자연스러운 반응일 수 있지만, 그에 의존하기보다는 스스로 해결책을 찾는 노력이 필요합니다. 이는 개인의 문제 해결

군주론 인생 공부

능력을 키우고, 더 강한 자아를 형성하는 데 도움을 줍니다.

우리는 누구나 어려움을 겪을 수 있습니다. 또 누군가의 도움이 간절하게 필요한 순간도 존재할 것입니다. 하지만 늘 누군가의 도움을 필요로 하고 기대고자 하는 사람은 정작 혼자서 해결해야 하는 문제가 발생했을 때 큰 고난과 역경을 견뎌내기 쉽지 않을 것입니다. 누군가의 도움만을 기다리다가 결국 큰 실패를 맛볼 수도 있을 것입니다. 하지만 스스로 해결책을 찾는 주도적인 자세를 가진 사람은 그 고난과 역경을 잘 견뎌내고 헤쳐 나갈 수 있을 것이며, 그러한 준비가 된 이들에게는 꼭 필요한 순간에 도움의 손길이 분명하게 다가올 것입니다.

앞서 이야기한 불교 경전에 나오는 "무소의 뿔처럼 혼자서 가라"라는 말은 우리가 어려운 상황에서도 누군가의 도움을 기대하기보다는, 스스로 해결책을 찾고 노력하는 자세가 얼마나 중요한지를 잘 보여주는 문장입니다. 결국 마키아벨리가 이야기한 것처럼, 우리는 스스로의 힘을 믿고, 독립적인 '무소의 뿔처럼 혼자서 가는' 내적 강인함이 필요합니다.

스스로 문제를 해결하여 자기 책임을 다하라

최고의 요새는
군중이다

"**최고의 요새는 사람들의 사랑 속에 있다.**
요새를 가지고 있어도 사람들이 당신을 미워하면
당신을 구하지 못할 것이다."

"Non può esserci miglior fortezza che non sia l'affetto del popolo, perché,
avendo pure le fortezze, se il popolo ti odia, queste non ti salveranno."

−《군주론》 20장 중에서−

사이먼 사이넥의 《리더는 마지막에 먹는다》는 미 해병대
의 독특한 리더십 문화를 통해 진정한 리더의 모습과 책임
감을 강조하는 책입니다. 사이넥은 이 책에서 해병대에서 자
주 관찰되는 "리더는 마지막에 먹는다"라는 전통을 예로 들
며, 리더십의 본질이 권위나 특권이 아니라 공동체의 안녕을
위해 희생과 헌신을 먼저 하는 데 있다고 설명합니다. 미 해
병대에서는 계급이 높은 리더가 식사할 때 부하들을 우선적
으로 대우하고, 스스로는 마지막에 먹는 것이 일반적인 문화
로 자리 잡혀 있습니다. 이는 단순히 규칙이 아닌, 부하들을
진심으로 돌보겠다는 리더의 태도를 상징하며, 이러한 태도
가 리더가 부하들의 신뢰와 존경을 얻는 핵심적인 방법임을

보여줍니다. 사이넥은 이 전통을 통해 해병대 리더십의 정신을 설명하는데, 진정한 리더는 명령을 내리는 자가 아닌, 먼저 솔선수범하며 공동체의 결속을 다지는 사람이라는 메시지를 전달합니다.

마키아벨리도 물리적인 힘이나 방어 수단만으로는 진정한 안전과 안정을 얻을 수 없으며, 무엇보다 중요한 것은 사람들의 신뢰와 지지를 얻는 것이라고 강조합니다.

《군주론》 20장 '요새와 군주의 다른 방어 수단에 대하여'에서는 군주가 자신의 권력을 지키기 위해 사용할 수 있는 여러 방어 수단을 논의합니다. 이 장에서 마키아벨리는 요새를 세우는 것이 때로는 유용할 수 있지만, 군중들의 사랑과 충성이 군주를 보호하는 더 나은 수단이라고 강조하며, 실사례로 독일과 스위스 군주들을 언급합니다.

15세기 독일과 스위스의 군주들은 군중들의 지지와 관계를 통해 요새에 의존하지 않고도 통치할 수 있었습니다. 예를 들어, 독일의 제국 황제들은 종종 순회 왕국을 운영하며 각 지역을 직접 다니며 현지 영주와의 동맹을 통해 관계를 강화했습니다. 특히 샤를마뉴 대제나 프리드리히 바르바로사 같은 황제들은 이러한 방식으로 현지 지도자들과 협력하고, 대중의 신뢰를 얻어 내부 반란과 외부 위협에 대처할 수 있었습니다.

스위스 또한 분권화된 자치 시스템을 통해 외부 침입에 대항했습니다. 각 지역 공동체가 자율적으로 국방과 군중 문제를 관리하여 중앙집권보다는 지역의 공동 방어와 협력에 기반한 통치 방식을 구현했습니다. 이러한 접근 방식은 스위스가 외세에 맞서 강력한 방어 체계를 구축하지 않고도 안정된 정치 구조를 유지할 수 있도록 도움을 주었습니다. 이러한 사례는 물리적 요새 대신 군중의 신뢰와 협력을 통한 방어가 당시 독일과 스위스에서 얼마나 중요한 역할을 했는지를 보여줍니다.

요새는 물리적으로 강력한 방어 수단이 될 수 있지만, 마키아벨리는 군중들의 충성심을 얻는 것이 더 강력한 방어책이라고 강조합니다. 독일과 스위스 군주들은 군중들이 군주를 위해 싸울 의지를 가지고 있었기 때문에, 방어 요새 없이도 사회적 안정과 충성 기반의 강력한 방어를 확보할 수 있었습니다. 특히, 군주와 군중 사이의 긍정적인 관계는 위기 상황에서 군중들이 군주를 스스로 지키도록 하는 동기가 되었으며, 이는 외부의 공격이나 내부의 반란에 효과적으로 대응하는 중요한 요소로 작용했습니다.

이 사례를 통해 마키아벨리는 물리적 방어 수단에 의존

군주론 인생 공부

하는 대신, 군주는 군중들의 마음을 얻어야 한다는 중요한 교훈을 전달합니다. 요새는 외부 적의 침략을 막을 수는 있지만, 군중들이 군주를 미워하면 그 요새는 무의미해집니다. 반면, 군중들이 군주를 지지하면 요새가 없더라도 군주의 권력은 안정될 수 있다고 설명합니다. 이는 개인의 삶, 조직의 운영, 국가의 정치까지 다양한 분야에 적용될 수 있는 원칙입니다.

현대 사회에서는 리더십의 중요성이 더욱 부각되고 있습니다. 조직이나 국가를 이끄는 지도자들은 강력한 권력이나 방어 수단을 가지고 있을지라도, 결국 사람들의 지지와 신뢰를 얻지 못하면 지속적으로 성공할 수 없습니다. 이는 기업 경영에서도 마찬가지입니다. 경영자가 직원들의 신뢰와 존경을 받지 못하면, 회사의 성장은 물론이고 생존도 위협받을 수 있습니다.

앞서 살펴본 사례는 사람들이 진정으로 사랑하고 신뢰하는 리더가 어떻게 강력한 조직을 구축할 수 있는지를 잘 보여줍니다. 해병대의 리더들은 단순히 명령을 내리고 통제하는 것이 아니라, 부하들을 돌보고 그들의 신뢰를 얻음으로써 진정한 리더십을 발휘합니다. 이러한 리더십은 조직의 결속력을 강화하고, 위기 상황에서도 강력한 힘을 발휘하게 합니다.

정치도 마찬가지입니다. 정치 지도자들은 국민들의 지지와 신뢰를 얻지 못하면, 아무리 강력한 권력을 가지고 있어도 결국에는 실패할 수밖에 없습니다.

결론적으로 서두 사례의 해병대의 리더십 문화나 마키아벨리가 칭찬한 독일, 스위스 군주들과 같이 사람들의 신뢰와 사랑을 얻는 것이 진정한 평화를 가져다준다는 교훈을 전달합니다. 우리는 물리적인 힘이나 방어 수단에만 의존하지 않고, 사람들과의 신뢰 관계를 구축하는 데 주력해야 합니다. 이를 통해 개인, 조직, 국가 모두가 더욱 강력하고 안정된 기반 위에서 성장할 수 있을 것입니다.

신뢰를 얻어 진정한 리더십을 발휘하라

29

적과
동침하라

　　적과 동지 간의 전략적 지혜는 《삼국지》에서 조조와 관우의 관계가 좋은 예시입니다. 조조는 적장인 관우의 뛰어난 능력과 의리를 지키는 성품을 잘 알고 있었고, 그래서 그의 능력을 자신의 것으로 만들고자 했습니다. 조조는 비단옷, 황금, 말을 선물하며 관우의 충성을 유도했지만, 관우는 마음속에 여전히 유비에 대한 의리를 간직하고 있었습니다. 비록 조조는 관우가 언젠가 유비에게 돌아갈 것을 예감하고 있었으나, 적장을 가까이 두는 것이 이득이 될 수 있다고 판단했습니다. 따라서 조조는 적장인 관우가 자신의 지휘 아래에 있는 동안 그와 힘을 합쳐 적들과의 전투에서 승리를 끌어 냈으며, 그와 일시적으로 신뢰를 쌓으면서도 한편으로 그의 움직임을 감시할 수도 있었습니다. 결국 관우는 유비에게 돌아갔지만, 조조는 그동안 관우를 가까이 두며 그의 충성심과 능력을 활용할 수 있었고, 자신의 군사적 목표도 달성했습니다.

마키아벨리도 조조와 관우의 사례처럼 단순히 친구들과 좋은 관계를 유지하는 것뿐만 아니라, 적의 움직임과 의도를 파악하기 위해 그들을 가까이 두어야 한다고 강조합니다. 《군주론》에서 마키아벨리는 셉티미우스 세베루스(Septimius Severus)의 사례를 언급합니다. 그는 군주가 적을 다루는 데 있어 지혜와 잔혹함을 적절히 조합하여, 권력 유지를 위해 필요한 경우 가차 없이 처벌하고, 또한 자신의 위치를 강화하는 정치적 동맹을 지혜롭게 관리하는 방식을 보여주었습니다. 세베루스는 로마의 혼란기에 황제에 오른 뒤, 수많은 경쟁자와 적들 사이에서 권력을 공고히 해야 했습니다. 그는 로마 내에서 자신에게 반대하는 세력이나 적대적인 인물들을 철저히 감시하며, 권력을 위협하는 자들에게 무자비한 처벌을 가했습니다. 예를 들어, 당시 경쟁자였던 페스케니우스 니게르(Pescennius Niger)와 클로디우스 알비누스(Clodius Albinus)를 상대로 가차없이 군사 작전을 펼쳤으며, 승리 후에는 그들뿐만 아니라 추종자들까지 대규모로 처벌했습니다. 이를 통해 그는 반란의 가능성을 제거하고 자신의 권위를 더욱 공고히 했습니다.

하지만 세베루스는 단순히 잔혹하기만 한 군주가 아니었습니다. 그는 필요할 때는 정치적 동맹을 맺어 자신의 권력 기반을 강화하기도 했습니다. 예를 들어, 알비누스와는 한때 공동 황제의 자격을 부여하며 연합 관계를 형성했으나, 상황이 변하자 그와 결별하고 알비누스를 처단하며 자신에게 유리한 방향으로 동맹을 조정했습니다. 이러한 관계 관리는 "친구는 가까이 두고, 적은 더 가까이 두라"라는 전략과 연결되며, 세베루스는 이를 통해 자신의 정치적 지위를 안전하게 유지하면서도, 필요할 때 적을 가차 없이 제거할 수 있는 유연한 정치적 대응을 보여주었습니다.

마키아벨리는 이러한 세베루스의 사례를 제시하며, 군주가 권력을 유지하기 위해서는 냉혹함과 유연함을 모두 갖춰야 한다고 설명합니다. 그는 세베루스가 잔혹한 방식으로 반대 세력을 제압하면서도, 정치적 관계를 지혜롭게 조정하여 권력을 안정적으로 유지한 점을 높이 평가했습니다. 마키아벨리는 이를 통해 군주가 적을 다룰 때 단순히 처벌하는 것에 그치지 않고, 필요할 때는 동맹을 통해 자신의 입지를 강화할 수 있어야 한다고 조언합니다.

우리는 치열한 경쟁과 갈등 속에서 성장하고 있습니다. 이러한 환경에서 우리는 친구와의 신뢰를 유지하는 동시에, 잠재적인 적이나 경쟁자의 움직임을 예의주시할 필요가 있습니다. 이를 통해 예상치 못한 위협을 미리 파악하고, 적절한 대응책을 마련할 수 있습니다. 또한, 적을 가까이 두는 것은 그들의 약점을 파악하고, 갈등을 효과적으로 해결하는 데 도움을 줄 수 있습니다.

적을 가까이 두는 것은 단순히 방어적인 차원에서 끝나지 않습니다. 때로는 적과의 협력을 통해 상호 이익을 도모할 수도 있습니다. 조조와 관우의 사례처럼, 경쟁자와의 관계를 효과적으로 관리하고, 그들의 강점을 활용하는 것은 우리에게 큰 이점을 가져다줄 수 있습니다.

결론적으로, 마키아벨리가 언급한 셉티미우스나 《삼국지》의 사례와 같이 같은 목표를 향해 경쟁하는 상대를 너무 적대시하는 것보다 가까이에 두고 곁에서 서로를 의식하고 전략을 파악하며 감시하고, 때로는 필요에 따라 협력하며 같이 나아가다 보면, 더 좋은 결과에 다가설 수도 있을 것입니다.

적과 협력하여 적의 강점을 활용하라

· 군주론 인생 공부

인간은 상처를
기억하고 복수한다

"위대한 발전과 새로운 이익이
사람들에게 과거의 상처를 잊게 만든다고
믿는 사람은 잘못된 것이다."

"Ingannasi chi crede che i grandi personaggi
dimentichino le ingiurie passate per i nuovi benefici."

-《군주론》 7장 중에서-

　《군주론》의 메인 게스트인 체사레 보르자는 잔인하고 교활한 통치자였습니다. 그는 적들을 무자비하게 제거하고, 자신의 권력을 강화하기 위해 냉혹한 전략을 사용했습니다. 체사레는 적들이 과거의 상처와 배신을 결코 잊지 않을 것이라는 점을 명확히 이해하고 있었습니다. 그래서 그는 그들이 복수심을 품고 자신을 공격하기 전에 먼저 그들을 제거하는 길을 택했습니다. 체사레는 정적들을 유인해 한 장소에 모이게 한 후, 그 자리에서 모두를 처형하는 등 극단적인 방법을 서슴지 않고 사용했습니다. 이러한 잔인한 방법은 그의 권력을 일시적으로 공고히 하는 데 효과적이었습니다. 그는 자신의 위치를 지키기 위해 신뢰를 배반하고, 필요할 때는 무자비하게 행동했습니다. 체사레는 그 영토를 안정시키기 위해 잔인한 수단을 동원했지만, 나중에는 그 지역에서 자신의 이미지를 회복하고자 새로운 혜택과 자비를 베풀기도 했습니다. 그러나 그가 준 새로운 혜택에도 불구하고, 군중들과 정적들은 여전히 그가 과거에 저지른 잔혹한 행위를 잊지 않았습니다.

마키아벨리는 우리가 아무리 큰 성과를 이루고 새로운 이익을 얻더라도, 과거의 상처와 고통을 쉽게 잊지 않는다는 점을 강조합니다. 특히 군주가 나라를 통치하는 동안, 군중들이나 신하들에게 준 상처나 부당한 대우는 쉽게 잊히지 않는데, 이는 군주의 통치에 큰 위협이 될 수 있다고 주장합니다.

이 명제를 통해 마키아벨리는 군주가 과거에 저지른 실수를 과소평가하지 말아야 한다는 교훈을 전달합니다. 또한 이번 명제는 군주가 과거의 잘못을 신중하게 관리하고, 군중들의 신뢰를 회복하기 위해 진심으로 노력해야 한다는 마키아벨리의 정치적 통찰을 담고 있습니다.

현대 사회에서는 경제적 발전과 기술적 혁신이 빠르게 진행되고 있습니다. 그러나 이러한 발전이 인간의 과거의 상처나 감정까지 치유할 수는 없습니다. 예를 들어 한 국가가 경제적으로 큰 성과를 이루고 국민들에게 새로운 이익을 제공하더라도, 과거의 정치적 억압이나 인권 침해로 인한 상처는 여전히 남아 있을 수 있습니다. 이러한 상처를 치유하기 위해서는 단순한 물질적 보상보다 진정한 사과와 화해, 그리고 지속적인 노력이 필요합니다.

이 명제는 현대 인간관계에서도 중요한 교훈을 제공합니다. 개인 간의 갈등을 해결하려면, 단순히 새로운 이익이나 변화를 제시하는 것만으로는 부족합니다. 과거의 상처나 불만을 먼저 인정하고 해결해야 신뢰를 회복할 수 있습니다. 상대방의 감정을 이해하며, 과거 문제를 명확히 처리한 후에야 진정한 관계 회복이 가능합니다.

과거의 상처를 무시하고 새로운 이익만 강조하면 갈등은 더 깊어질 수 있고, 언젠가 그에 상응하는 보복을 당할 수 있습니다. 결국, 진정한 화해와 해결책을 통해서만 갈등을 근본적으로 해결할 수 있습니다.

앞서 본 사례에서 체사레 보르자는 초기에 정적을 가차없이 제거하며 무자비한 방식으로 권력을 강화했으나, 나중에는 이들 중 일부에게 자비를 베푸는 전략적 선택을 하기도 했습니다. 그러나 이 과정에서 적들은 이미 마음속으로 복수심을 품고 있었다는 사실을 간과했습니다. 특히 교황 율리오 2세가 즉위하자 상황이 급변했는데, 율리오 2세는 체사레의 정적이자 과거에 그의 권력 강화에 반대했던 인물이었습니다.

교황 율리오 2세는 즉위 후 체사레에 대한 철저한 보복을 계획했습니다. 체사레는 그의 아버지인 알렉산데르 6세 사망 이후 권력을 잃고 불안정한 상태였으며, 이는 율리오 2세가 체사레의 세력을 약화시킬 수 있는 기회로 작용했습니다. 율리오 2세는 체사레의 이전 지위와 영토에 대한 권한을 박탈하고, 그를 로마로 불러들여 산탄젤로 성에 감금합니다. 체사레는 이후 스페인으로 추방되어 그곳에서 포로가 되면서, 한때 강력한 권력을 쥐고 있었던 그의 정치적 생애는 끝을 맺게 되었습니다. 결국 체사레는 과거의 악연이 부메랑이 되어 돌아와 비참한 최후를 맞이하게 됩니다.

결론적으로, 마키아벨리는 군주나 리더가 통치할 때 과거의 잘못이나 상처를 신중하게 다루어야 하며, 이를 무시하거나 단순히 새로운 혜택으로 덮으려 해서는 안 된다는 점을 강조합니다. 이는 인간의 복수심과 기억이 얼마나 강력한지를 나타내며, 리더는 이러한 인간의 본성을 이해하고 신중하게 대처해야 함을 시사합니다.

과거의 상처는 영원한 흔적으로 남는다

군주론 인생 공부

31

초기 경고 신호를
무시하지 말라

**"열병은 초기에는 치료하기 쉽지만 진단하기 어렵다.
그러나 시간이 지나면 진단하기는 쉽지만
치료는 어려워진다."**

"Come dicono i medici, che nei principi della rogna è facile curarla e difficile conoscerla,
ma, nel progresso del tempo, non l'avendo conosciuta né medicata da principio,
diventa facile conoscerla e difficile curarla."

—〈군주론〉 3장 중에서—

미국 역사상 가장 큰 기업 파산 사건으로 기록된 기업 엔론(Enron Corporation)은 1990년대 후반에 세계적인 에너지 기업으로 급성장했지만, 2001년에 이르러서는 거대한 회계 부정 사건이 드러나면서 파산하고 말았습니다. 엔론의 경영진은 초기부터 회계 부정을 저지르며 회사의 재무 상태를 과장하고 있었지만, 초기에는 잘 감추어져 있었습니다. 따라서 많은 투자자와 직원들은 엔론의 화려한 외관에 속아 문제를 인식하지 못했습니다. 시간이 지나면서 엔론의 회계 부정은 점점 더 심각해졌고, 결국 외부 감사와 규제 당국에 의해 문제의 실체가 드러났습니다. 초기 시점에 비해 문제를 진단하는 것은 쉬워졌지만, 이미 회사는 회복 불가능한 상태에 이르렀고, 결국 파산하게 되었습니다. 이 사건은 몇몇 분석가와 투자자들이 엔론의 복잡한 사업 구조와 불투명한 회계에 의문을 제기하며, 기업 가치와 주가가 실제 수익성보다 지나치게 부풀려져 있다고 초기에 경고했을 때 조치했으면 심각한 상황을 막을 수도 있었다는 사례를 보여줍니다.

마키아벨리도 군주가 직면하는 문제와 위기가 초기에는 미미하게 보일 수 있지만, 이 단계에서 신속하게 해결하지 않으면 시간이 지나면서 더욱 심각해지고, 해결하기 어려워진다는 것을 경고합니다. 그는 초기 단계에서 문제를 감지하고 해결하는 능력이 중요하다고 강조하며, 이를 통해 더 큰 위기를 예방할 수 있다고 주장합니다.

마키아벨리는 《군주론》에서 새로운 영토를 정복한 후의 통치가 어려운 이유를 강조하며, 혼합 군주국의 상황에서 나타날 수 있는 반란과 불안정의 위험성을 경고합니다. 기존의 지배 구조 위에 새로운 통치자가 들어오는 경우, 정복된 지역의 주민들은 자신들의 전통적 구조와 관계가 흔들리는 것을 불편해하고 반란을 일으킬 가능성이 높아집니다. 새로운 권력의 안정적 정착을 위해서는 초기부터 신속하게 문제를 처리해야 하며, 이러한 초기 대응이 정치적 통치의 안정성에 필수적이라는 것입니다.

마키아벨리는 이러한 정치적 문제를 의료적 비유를 사용하여 설명합니다. 초기의 질병은 진단하기 어렵지만 치료는 비교적 쉬운 반면, 시간이 지나면 증상이 명확해져 진단은 쉬워지지만 치료는 거의 불가능해집니다. 이를 통해 그는 새로운 정복지에서 발생할 수 있는 반란이나 불안정성도 초기에 신속히 처리해야만 장기적인 안정을 확보할 수 있음을 강조했습니다. 만약 초기 대응을 놓치고 시간이 흐르면, 상황이 악화되어 더 이상 통제할 수 없는 큰 문제로 발전하게 될 위험이 있습니다.

마키아벨리는 로마 제국의 통치 방식을 이상적인 사례로 제시하며, 로마인들이 정복한 영토에서 반란의 징후가 보일 때마다 빠르게 문제를 해결했던 방식을 높이 평가합니다. 예를 들어, 로마인들은 정복지에서 잠재적인 불안을 초래할 수 있는 지도층이나 권력자들을 제거하거나 처벌하여 반란의 싹을 사전에 차단했습니다. 이들은 초기 대응을 통해 지역의 불안 요소를 신속히 제거했기 때문에 장기적으로 정복지의 안정성을 유지할 수 있었습니다.

로마의 이러한 대응 방식은 정복 초기의 안정화를 위한 철저한 준비와 조치를 잘 보여줍니다. 그들은 새롭게 정복한 영토의 주민들이 반란을 일으킬 기회를 제공하지 않기 위해, 엄격하고 단호한 방식으로 문제를 조기에 해결하는 데 중점을 두었습니다.

우리는 빠르게 변화하는 환경 속에서 복잡하고 다양한 문제들을 마주하게 됩니다. 개인의 건강 문제나 사회적 이슈, 경제적 위기 등의 문제를 만났을 때 초기에 발견해 해결할 수 있음에도 안일한 마음으로 외면해서 더 큰 위기를 겪는 경우를 종종 보고는 합니다. 만약 어떤 문제가 발생했을 때 혹은 어떤 문제의 단초를 발견했을 때 우리는 경계심을 가지고 최대한 빠르게 문제를 해결하려는 노력을 해야 합니다.

앞서 살펴본 엔론의 사례처럼 화려한 외관에 속아 문제의 단초를 안일하게 대충 넘겨버리면 결국 커다란 실패나 위기를 경험하게 될 것입니다. 마키아벨리는 우리가 문제를 초기에 발견하고 해결하는 것이 얼마나 중요한지 이번 명제를 통해 강조합니다. 어떤 문제든, 실로 아주 간단한 문제처럼 보일지라도 초기에 어떤 신호를 포착하면, 소 잃고 외양간 고치지 말고 미리미리 신중하게 조치를 취하는 것이 중요합니다. 이는 더 큰 위기를 예방하고, 지속 가능한 발전과 안정을 이루는 데 필수 요소입니다.

문제를 초기에 발견하고 해결하라

군주론 인생 공부

내부의 적을
조심하라

**"평화 시에는 용병에 의해,
전쟁 시에는 적에 의해 약탈당한다."**

"In pace è spogliato dai mercenari, in guerra dai nemici."

-《군주론》 12장 중에서-

    러시아 용병 그룹인 바그너 그룹의 창립자 예브게니 프리고진이 2023년 모스크바로 진격을 시도한 사례는 마키아벨리의 명제인 "평화 시에는 용병에 의해, 전쟁 시에는 적에 의해 약탈당한다"를 상기시킵니다. 프리고진과 바그너 그룹은 러시아 정부의 비공식적 군사력으로 시리아와 아프리카, 우크라이나 등지에서 러시아의 이익을 위해 활동하며 외부에서 강력한 군사적 도구로 사용되었습니다. 그러나 러시아 내부에서 군사적 역할이 약해지고 국가적 통제가 강해지는 가운데, 프리고진은 내부 불만을 표출하고 권력에 반기를 들며, 모스크바로 향하는 군사 행동을 벌였습니다. 바그너 그룹은 전장에서 충성을 발휘했으나, 전쟁이 잠잠해지자 자신들의 정치적, 경제적 권익을 위해 자국 정부에 도전장을 내밀었습니다. 이는 러시아 내에서 갈등과 불안을 초래하며, 용병이 자국 내에서 통제 불능의 문제를 일으킬 수 있음을 보여주는 내부의 적 사례입니다.

또 다른 사례로는 《군주론》에서 메디치 가문의 사례를 들 수 있습니다. 메디치 가문은 15세기 당시 피렌체의 평화와 번영을 유지하기 위해 도시 방어에 집중할 필요를 느꼈습니다. 메디치 군주는 이를 위해 용병 대장인 루카를 고용하여 군대를 강화하려 했습니다. 당시 이탈리아에서는 용병 시스템이 널리 퍼져 있었고, 각 도시국가들은 외부 용병을 고용해 군사적 위기를 관리하는 경우가 많았습니다. 피렌체의 경우도 예외는 아니었으며, 그들은 루카와 그의 용병들이 전투 경험이 풍부하다는 점을 이유로 채용했습니다.

루카는 용병 대장으로서 뛰어난 전투력을 발휘했지만, 그와 그의 부하들은 금전적 이익에만 충성한다는 특징이 있었습니다. 루카는 피렌체 시민들에게 과도한 세금을 부과하고 재산을 압수하는 등 가혹한 경제적 압박을 가했으며, 이는 시민들에게 지속적인 고통을 안겼습니다. 이로 인해 메디치 가문의 통치에 대한 불만도 서서히 쌓여갔습니다. 그러던 중 전쟁이 발발하자 루카와 그의 용병들은 전장에 투입되었지만, 전투가 심화되고 시에나 군대의 압박이 강해지자 그들

군주론 인생 공부

은 자신들의 생존을 우선시하여 전장에서 도망치거나 적군
에 항복했습니다. 용병들은 피렌체의 명예와 주민들의 안전
보다는 자신들의 이익을 중요하게 여겼고, 이로 인해 피렌체
는 시에나의 공격 앞에 무방비 상태로 놓이게 되었습니다.

이러한 상황은 단순히 피렌체만의 문제가 아니라 당시
이탈리아 전역에 퍼져 있는 용병 시스템의 한계를 보여주는
사례였습니다. 이탈리아의 용병들은 보통 고용주에 대한 충
성심보다는 자신의 경제적 이익에 민감하게 반응했기 때문
에, 전쟁 중에도 항상 금전적 요인이 더 중요하게 작용했습니
다. 이는 도시국가들이 독자적인 군대를 유지하기보다는 외
부 용병을 의존했을 때 직면할 수 있는 큰 문제점을 드러내
며, 마키아벨리가 군주가 자체적인 군사력을 유지해야 한다
고 주장한 이유를 잘 보여줍니다.

마키아벨리는 평화로워 보이는 시대에도 늘 내부의 부정
과 비리를 경계해야 한다고 이야기합니다. 또한 용병에 의존
하는 것이 평화 시에도, 전쟁 시에도 군주에게 큰 위험을 초
래한다고 경고하며, 군주가 자신의 군대를 유지해야 한다고
강조합니다. 그는 자국의 군대는 군주에게 충성하고, 군주의
이익을 위해 싸우기 때문에 용병보다 훨씬 신뢰할 수 있다고
주장합니다. 군주는 자신의 권력을 유지하고 국가의 안전을
보장하기 위해, 충성스러운 자국 군대를 유지해야 한다는 것

이 마키아벨리의 핵심 메시지입니다.

따라서 언제나 외부의 경쟁자나 적을 경계하듯이, 내부가 안정되어 있고 평화롭게 흘러가더라도 누가 언제 뒤통수를 칠지 모르니 경계를 늦추지 말아야 합니다. 예를 들어 기업 경영에서는 회사가 안정적이고 문제없이 돌아가더라도 늘 내부의 비리와 부정을 경계해야 하고, 경쟁이 치열한 상황에서는 외부의 경쟁자로부터 회사를 보호해야 합니다.

우리는 종종 뉴스나 기사를 통해 회사의 주요한 기술이나 기밀을 타국가에 많은 돈을 받고 넘기거나 그 기술을 가진 직원이 거액의 연봉 조건으로 다른 나라의 경쟁 회사로 이직했다는 이야기를 듣곤 합니다. 이는 회사와 함께 기술을 개발하고 세계 속에서 우리나라의 기술 발전을 위해 충성을 다 하는 것이 아닌, 앞서 살펴본 사례처럼 돈과 부를 가장 중요시하고 그에 충성을 다하는 내부의 적이 적인지도 모르고 믿고 방심했기 때문에 발생한 일이라고 할 수 있습니다. 이처럼 기업은 경쟁하는 기업을 경계하고 더 나은 기술을 확보하여 경쟁에서 우위를 점하기 위해 내부의 직원들과 힘을 합치는 것도 중요하지만, 어떠한 상황에서도 방심하지 않고, 내외부 상황을 파악하여 경계를 늦추지 않는 것도 중요합니다. 안정적인 기반과 기술로 회사의 재정적 상태와 평판이 좋아졌다고 해서 방심하고 그에 안주하기보다는 내부 직원과 더 많은 교류와 신뢰를 쌓고 필요하다면 충분한 금전적인 보상과 복지 혜택 등으로 직원들의 사기를 복돋아주고, 회사와 직원 간의 유대와 신뢰를 쌓는 것이 중요합니다.

앞서 살펴본 사례에서 만약 피렌체의 메디치 군주가 자국의 군대와 군인들을 대하듯이 용병 대장인 루카와 굳건한 신뢰를 쌓고, 그들에게 피렌체와 그 주민들에 대한 책임감을 심어주었다면, 또 루카와 그의 용병들에게 충분한 금전적인 보상과 피렌체에서의 아름다운 미래를 약속했다면, 전쟁이 일어났을 때 루카와 그의 용병들은 피렌체와 주민들을 지키기 위해 목숨을 바쳐 싸웠을지도 모릅니다. 결론적으로 마키아벨리는 내부 인력을 강화하고 충성심을 유지하기 위해 평화롭고 안정적인 상황에서도 안팎으로 경계를 늦추지 않는 것이 중요하다는 교훈을 줍니다.

내부의 적을 경계하라

PART 4

때로는 도덕적 기준을
무시하고 행동하라

33

긍정적 보상은 점진적으로, 잔혹함은 단번에 주어라

> "모든 잔혹함은 한 번에 실행되어야 하고,
> 반면에 혜택은 조금씩 나누어 주어야 한다."
>
> "Le crudeltà si devono fare tutte insieme, perché offendano meno,
> e i benefici si devono fare a poco a poco, perché si assaporino meglio."
>
> −《군주론》 8장 중에서−

B 기업의 CEO가 어려운 경제 상황 속에서 회사가 심각한 재정 위기에 처하자 불가피하게 대규모 구조조정을 단행하게 됩니다. 그는 이 사실을 숨기지 않고 직원들에게 한 번에 공지하고, 구조조정을 신속하게 마무리 짓습니다. 이 사실은 많은 직원들에게 충격을 주었지만, 한 번에 충격과 고통을 안겨주고 끝냄으로써 직원들의 불확실한 미래와 불안을 최소화할 수 있었습니다. 그러고 나서 남은 직원들에게 작은 보상을 점진적으로 제공했습니다. 먼저 근무 환경을 개선하고, 성과에 따른 보너스를 지급하며, 승진의 기회를 확대하는 등의 혜택을 천천히 늘렸습니다. 직원들은 이러한 혜택을 받을 때마다 회사의 안정성에 대한 의심을 거두고 살

아남은 자신의 가치를 더 크게 느끼게 되면서 결국 조직의 사기를 높이는 데 큰 도움이 되었습니다. 이 이야기는 마키아벨리식 전략으로 파산 위기를 극복한 CEO의 사례입니다.

마키아벨리는 군주가 권력을 유지하기 위해 잔혹함은 신속하게, 혜택은 점진적으로 베풀어야 한다고 설명합니다. 잔혹한 대우는 반복되면 반감을 사지만, 혜택을 조금씩 계속 나누어 주면 감사와 만족감을 느낄 수 있다고 설명합니다.

《군주론》에서는 악행을 통해 군주가 된 인물들의 사례로 이탈리아 밀라노 공국의 통치자 루도비코 스포르차(Ludovico Sforza)를 언급합니다. 그는 스포르차 가문 출신으로, 어린 조카 잔 갈레아초 스포르차가 밀라노 공국을 상속받자 섭정 역할을 맡아 실질적으로 밀라노를 다스렸습니다. 이 기회를 통해 루도비코는 자신만의 통치 기반을 마련하고, 결국에는 조카로부터 권력을 완전히 빼앗아 독자적인 군주로 군림하게 됩니다.

루도비코는 권력을 유지하고 확고히 하기 위해 강력하고 신속한 조치를 단행했습니다. 그는 반대자들을 철저히 제거하고, 자신의 지위를 위협할 가능성이 있는 정치적 인물들을 단번에 처리했습니다. 이러한 전략은 마키아벨리가 강조한 "모든 잔혹함은 한 번에 실행해야 한다"라는 원칙에 부합하며, 신속하고 강력한 통치를 통해 반대 세력의 반발을 차단하고자 했습니다. 이를 통해 그는 밀라노 내에서 자신의 입지를 굳히고, 통치 기반을 안정화했습니다.

권력을 장악한 루도비코는 장기적으로 군중들의 지지를 얻고 밀라노의 안정을 유지하기 위해 혜택을 점진적으로 제공하는 정책을 펼쳤습니다. 그는 예술과 문화에 대한 깊은 관심을 가지고 있었고, 레오나르도 다 빈치와 같은 유명한 예술가들을 후원했습니다. 이로 인해 밀라노는 예술과 학문의 중심지로 발전했고, 군중들은 통치자로서의 루도비코에게 큰 자부심과 지지를 보냈습니다. 이러한 점진적인 혜택 제공은 마키아벨리의 "혜택은 조금씩 나누어 주어야 한다"라는 원칙에 부합하며, 이는 군주가 군중들로부터 더욱 깊은 신뢰와 지지를 얻는 데 효과적임을 보여줍니다.

또한 루도비코는 밀라노의 문화적, 예술적 번영을 촉진하는 데 전념했습니다. 그는 밀라노를 이탈리아의 문화적 중심지로 성장시키기 위해 다양한 예술 프로젝트와 학문적 후원을 아끼지 않았습니다. 이러한 노력으로 예술과 학문을 꽃피우며 밀라노는 이탈리아에서 가장 번영한 도시 중 하나가 되었고, 이는 군중들이 자발적으로 그의 통치를 지지하게 만든 중요한 요인 중 하나였습니다. 루도비코 스포르차는 단기적으로는 가혹함을 통한 신속한 권력 장악을 이루

군주론 인생 공부

고, 장기적으로는 군중들에게 문화와 예술적 혜택을 제공함으로써 안정적인 통치를 유지했습니다.

이는 다양한 측면에서 적용해 볼 수 있습니다. 예를 들어 '매도 먼저 맞는 게 낫다'라는 속담이 있습니다. 괴롭고 어려운 일이라면 뒤로 미루기보다는 먼저 단번에 치르는 것이 낫다는 뜻입니다. 안 좋은 일일수록 가장 먼저 한 번에 처리하는 게 좋습니다. 계속 뒤로 미루다 보면 마음의 부담만 커지고, 그 결단에 따라야 하는 이들도 계속 불안해하며 잔혹한 결정을 기다리는 것이 더 고통스러울 수 있습니다. 반대로 긍정적인 보상은 크게 한 번만 제공하는 것보다는 천천히 조금씩 늘려가면서 제공하다 보면 그 효과를 극대화할 수 있습니다.

우리는 종종 어려운 결정을 내려야 하는 상황에 직면합니다. 특히 리더나 경영자는 조직의 이익을 위해 불가피한 조치를 취해야 할 때가 있습니다. 이때는 아무리 고통스러운 결정일지라도 단호하게 마음을 먹고 빠르고 신속하게 단번에 실행함으로써 불만과 저항을 줄여야 합니다. 그것이 리더로서 최선의 선택일 수 있습니다.

앞서 살펴본 밀라노의 스포르차의 사례나 B 기업 CEO의 실사례는 불가피한 고통은 신속하게 처리하고, 긍정적인 보상은 점진적으로 제공하는 것이 얼마나 효과적인지를 잘 보여줍니다. 이번 명제는 이해관계가 다양한 조직과 개인이 어려운 상황을 극복하고, 긍정적인 변화를 이끌어내는 데 중요한 통찰을 제공합니다.

고통스러운 결단은 신속히 처리하라

34

혁신의 저항을
극복하라

"혁신가는 기존 질서의 이익을 누리는 이들의 적이 되고,
새로운 질서에서 이익을 볼 사람들로부터는
미온적인 지지를 받는다."

"Perché ha per nemici tutti coloro che stanno bene sotto l'ordine antico,
e ha tiepidi difensori tutti coloro che potrebbero stare bene sotto il nuovo."

-《군주론》6장 중에서-

이번 명제의 사례로, 전통시장에서 혁신을 일으킨 A 씨
의 이야기를 들 수 있습니다. A 씨는 전통시장에 젊은 세대
를 끌어들이기 위해 기존의 시장 구조를 혁신하려 했습니다.
그는 시장에 현대적인 요소를 도입하고, 다양한 이벤트와 프
로모션을 통해 시장을 활성화하고자 했으나, 초기에는 많은
상인들의 반대에 부딪혔습니다. 기존의 상인들은 전통적인
방식에 익숙했고, 새로운 변화가 자신들에게 위험을 초래할
것이라 생각했습니다. 또한 시장을 찾는 기존 고객들도 변화
에 회의적인 반응을 보였습니다. 그들은 전통적인 시장의 분
위기와 방식을 좋아했기 때문에, 새로운 변화가 오히려 시장
의 매력을 감소시킬 것이라 우려했습니다.

이 사례는 마키아벨리가 이야기한 변화를 주도하는 과정에서 직면할 수 있는 저항과 어려움을 잘 설명합니다. 혁신은 항상 저항을 불러일으키며, 그 과정에서 지지자들로부터도 확고한 지지를 얻기 어려울 수 있습니다.

마키아벨리는 《군주론》에서 혁신이 군주에게 필수적일 수 있지만, 기존 질서에 만족하는 사람들과 기득권 세력의 강한 저항에 부딪힐 것이라고 말합니다. 반면, 혁신으로 인해 이익을 얻을 새로운 세력은 여전히 불확실한 미래에 대한 두려움과 보수적인 성향 때문에 미온적인 지지를 보일 수밖에 없습니다. 즉, 혁신을 통해 새로운 질서를 만들려는 사람은 강한 적대자와 미지근한 지지자 사이에서 어려운 싸움을 해야 한다는 것입니다.

기존 체제에 만족하는 사람들은 자신의 이익이 위협받는 것을 우려해 혁신에 강하게 저항합니다. 반면, 혁신이 성공할 경우 새로운 질서에서 더 나은 위치를 차지할 수 있는 사람들은 그 혁신이 성공할지 확신하지 못하기 때문에 소극적인 태도를 보입니다. 이런 상황에서 혁신을 시도하는 군주나 지도자는 적들과의 충돌뿐만 아니라 지지자들의 미온적인 지원으로 인해 어려움을 겪을 수 있음을 경고합니다.

《군주론》 6장에서 마키아벨리는 자신의 능력(비르투, virtù)

군주론 인생 공부

을 통해 새롭게 권력을 잡은 군주들이 겪는 어려움을 논의합니다. 마키아벨리는 모세, 키루스, 테세우스, 로물루스와 같은 위대한 지도자들을 예로 들며, 그들이 혁신을 통해 새로운 질서를 세우기 위해 얼마나 많은 어려움에 직면했는지 설명합니다. 그들은 기존 체제에 반대하며 새로운 질서를 세우기 위해 많은 저항에 부딪혔지만, 단호한 결단력과 능력을 통해 그 어려움을 극복할 수 있었다고 설명합니다.

모세는 이집트에서 히브리민족을 이끌고 탈출하며 새로운 질서를 세우기 위해 큰 결단을 내렸습니다. 그는 그 과정에서 단순히 영적 지도자로만 머물지 않고, 군사적 지도자로서의 역할도 수행했습니다. 마키아벨리는 모세가 강력한 결단력과 무력을 통해 새로운 법과 질서를 확립할 수 있었다고 강조합니다. 만약 모세가 단순히 설득만으로 군중들을 이끌고자 했다면, 변화는 어려웠을 것입니다.

키루스는 아시리아 제국의 몰락이라는 역사적 기회를 활용하여, 기존 지배 체제에 강력히 맞서며 혁신을 추구했습니다. 그는 혼란한 상황을 틈타 기존의 왕권을 폐지하고 새로운 질서와 제도를 세우기 위해 과감한 결단을 내렸으며, 이를 통해 페르시아 제국을 성공적으로 건설할 수 있었습니다.

테세우스와 로물루스 또한 각자의 영역에서 새로운 질서

를 구축하는 데 성공한 인물들입니다. 테세우스는 아테네의 여러 부족을 통합해 도시국가를 세웠고, 로물루스는 로마의 창시자로서 질서와 법을 세우며 새로운 국가를 건국했습니다. 그들은 과거 체제를 단순히 제거하는 데 그치지 않고, 기존의 전통을 적절히 유지하면서도 새로운 질서를 도입해 정치적, 사회적 체계를 안정화했습니다.

마키아벨리는 이 지도자들이 단호한 결단력과 능력으로 기존 체제의 반발을 극복하고 새로운 질서를 확립할 수 있었다고 설명합니다. 이는 기존 체제의 저항을 무시하거나 단순히 제거하는 것이 아니라, 지혜롭고 강력한 지도력이 뒷받침된 혁신적 전략을 통해 권력을 공고히 한 것으로 평가됩니다. 마키아벨리는 이를 통해 군주가 혁신을 추구할 때는 확고한 결단력과 현실적인 실행력이 필수적임을 강조하며, 이러한 지도자들의 성공을 통해 새롭게 권력을 잡은 군주들이 어떻게 기존의 저항을 극복해야 하는지에 대한 교훈을 제공합니다.

우리는 끊임없는 발전과 변화 속에서 혁신을 추구하고 받아들이며 살아가고 있습니다. 그러나 혁신은 항상 저항을 동반합니다. 기존의 질서에 안주하는 사람들은 변화를 두려워하거나 거부감을 느낄 수 있습니다. 또 혁신이 언제나 성공할 거라는 보장은 없기에 혁신의 실패로 인한 책임과 피해를 원치 않는 사람들도 존재합니다.

그러나 혁신은 이 모든 저항과 부정적인 반응 속에서도
굽히지 않고 확신을 가지고 계속 나아가야 성공할 수 있습
니다. 앞서 살펴본 사례에서 전통시장의 A 씨는 계속해서 상
인들과 대화하고 설득하며, 작은 변화부터 시작했습니다. 시
장 내에 현대적인 카페와 젊은 층을 겨냥한 소규모 가게들
을 유치하고, 주말마다 다양한 문화 행사를 개최했습니다.
이러한 노력 끝에 점차 젊은 세대들이 시장을 찾기 시작했
고, 상인들도 변화의 긍정적인 효과를 체감하게 되었습니다.
결국 A 씨의 혁신은 성공을 거두었고, 전통시장은 현대적인
요소가 결합된 활기찬 공간으로 탈바꿈했습니다. 이는 기존
의 질서와 새로운 질서 사이에서의 갈등과 저항을 극복한
사례로, 혁신의 어려움과 그 중요성을 잘 보여줍니다.

혁신가는 기존 질서의 저항과 새로운 질서에 대한 미온
적인 지지 속에서도 자신의 비전을 믿고 계속 앞으로 나아
가야 합니다.

갈등 속에서도 비전을 믿고 전진하라

35

신뢰와 호의로
치장하라

> "군대가 아무리 강해도
> 새로운 지역에 들어갈 때 그 지역
> 주민들의 호의를 얻는 것이 필수다."
>
> "Per quanto forte tu sia con il tuo esercito,
> entrando in una nuova provincia è essenziale avere la benevolenza dei suoi abitanti."
>
> ─《군주론》 3장 중에서─

　　중국의 소설 《삼국지》에서 유비는 촉나라를 세운 군주로서, 그의 성공 비결 중 하나는 주민들의 신뢰와 호의를 얻는 데 있었습니다. 유비는 항상 군중들의 삶에 관심을 기울이고, 그들의 어려움을 이해하며 도움을 주었습니다. 이를 통해 그는 군중들의 지지를 얻고, 그의 세력을 확장할 수 있었습니다. 유비는 새로운 지역에 들어갈 때마다 그 지역 주민들과 적극적으로 소통하고, 그들의 마음을 얻기 위해 노력했습니다. 예를 들어, 유비가 형주 지역을 점령했을 때 그는 그 지역 주민들의 신뢰를 얻기 위해 그들의 의견을 경청하고, 그들의 요구를 충실히 반영하고자 노력했습니다. 이러한 접근은 단순한 군사적 힘만으로는 얻을 수 없는 결과를 가져왔습니다. 주민들의 호의를 얻음으로써 유비는 지역의 안정과 번영을 이끌어낼 수 있었으며, 그의 통치 기반을 더욱 확고히 할 수 있었습니다.

마키아벨리는 《군주론》에서 새로운 군주가 정복한 영토를 안정적으로 통치하기 위해 기존의 법과 질서를 존중하고 주민들에게 혜택을 제공함으로써 그들의 지지를 얻어야 한다고 조언합니다. 이러한 접근은 주민들이 군주를 자신들의 이익을 지켜줄 존재로 인식하게 하여 통치를 안정적으로 유지하는 데 도움을 줍니다. 마키아벨리는 로마 제국의 정복 전략을 예로 들며, 로마가 정복한 지역에서 기존 권력 구조를 유지하고 현지 지도층과 협력하면서 통치 안정성을 확보한 사례를 설명합니다.

로마 제국은 영토 확장 과정에서 기존 권력자나 귀족 계층을 존중하면서 현지 지도자들과 협력하는 방식을 채택했습니다. 이들은 주민들에게 정복에 따른 이익을 제공하면서 기존의 문화적 가치와 지역 전통을 존중했습니다. 예를 들어, 로마는 그리스 도시국가들을 정복한 후에도 그들의 문화와 정치적 구조를 상당 부분 그대로 유지하게 했습니다. 이로 인해 그리스인들은 로마의 새로운 질서에 쉽게 적응할 수 있었고, 로마 제국 내에서 그리스 문화는 오히려 더욱 융성할 수 있었습니다.

또한, 로마는 갈리아와 영국을 포함한 여러 지역에서 정복 직후 현지인들의 지도자들을 로마와 협력하도록 설득하여 지역 사회의 자치적 운영을 허용하고 기존의 권력을 인정했습니다. 이러한 방식은 해당 지역에서 로마의 권위에 대한 반발을 줄이고, 로마의 통치에 대한 호의와 지지를 얻는 데 큰 역할을 했습니다. 결국 로마는 이러한 유연한 통치 방식을 통해 거대한 제국을 안정적으로 유지할 수 있었습니다.

마키아벨리는 군주가 정복지의 기존 체제를 존중하고 신중히 접근해야 한다고 강조합니다. 특히 너무 많은 변화를 갑작스럽게 주면 주민들이 혼란을 느끼고 군주의 통치에 반발할 수 있기 때문에, 주민들의 일상적 관습과 법률을 존중하여 점진적으로 통치 구조를 변화시키는 것이 필요하다고 역설합니다.

이러한 사례는 현대 사회에서도 찾아볼 수 있습니다. 예를 들어, 기업이 새로운 시장에 진입할 때 단순히 자본과 기술력만으로는 성공할 수 없습니다. 그 지역의 문화와 소비자들의 요구를 이해하고, 현지인들과 신뢰를 쌓는 것이 필수입니다. 또한 정부가 새로운 정책을 도입할 때도 마찬가지입니다. 정책의 성공을 위해서는 국민들의 이해와 지지를 얻어야 하며, 이를 위해서는 국민들과의 소통과 공감을 바탕으로 한 접근이 필요합니다.

따라서 새로운 환경에서 성공을 이루기 위해서는 단순한 힘이나 권력만으로는 부족하며, 로마의 유연화 전략이나 《삼국지》의 유비처럼 지역 주민들의 호의와 협력을 받아내기 위해 진심으로 그들을 대하며 신뢰를 쌓는 것이 중요합니다. 결론적으로 지역 사회나 구성원의 신뢰와 지지를 얻는 것은 안정과 번영을 위한 꼭 필요한 요소이며, 이를 얻기 위해서는 적극적인 소통과 그들의 필요에 따라 협력하며 진심으로 다가서는 자세가 중요합니다.

초기의 협력과 소통이 판세를 좌우한다

36

역사는 선과 악의
반복이다

**"덕은 평온을, 평온은 무질서를,
무질서는 파멸을 낳지만,
파멸 속에서 다시 질서와 덕이 생기며,
영광과 행운이 따른다. "**

"La virtù dà origine alla tranquillità, la tranquillità all'ozio, l'ozio al disordine,
il disordine alla rovina... e similmente dalla rovina nasce l'ordine,
dall'ordine la virtù, dalla virtù la gloria e la buona fortuna."

–《군주론》 3장 중에서–

　　헨리크 시엔키에비치의 소설 《쿠오 바디스》는 로마 제국
의 네로 황제 시절을 배경으로 로마의 번영과 쇠퇴를 잘 묘
사하고 있습니다. 로마 제국은 한때 덕과 질서를 바탕으로
강력한 제국을 이루었으나, 시간이 지나면서 그 번영이 평온
을 낳고, 평온은 여유를, 여유는 무질서를, 그리고 무질서는
결국 파멸을 가져왔습니다. 네로 황제의 통치는 특히 이러한
주기를 잘 보여줍니다. 초기의 로마는 강력한 법과 질서를
통해 번영을 누렸지만, 네로의 통치 아래에서는 사치와 방종
이 만연하며 무질서가 퍼졌습니다. 이는 결국 로마 제국의
쇠퇴로 이어졌습니다. 그러나 이러한 파멸 속에서도 새로운
질서가 태어나고, 로마는 다시금 재건과 회복의 과정을 거치

게 됩니다.

마키아벨리도 《군주론》에서 국가와 권력의 흥망성쇠를 덕(virtù)과 안일함의 순환 과정으로 설명합니다. 그의 이론에 따르면, 강력한 지도자나 국민의 덕이 강한 국가를 만들면, 그로 인해 평온과 번영이 생깁니다. 덕은 지도자와 국민이 고난 속에서 단련한 강한 의지와 지혜를 뜻하며, 국가가 성장하고 안정되는 기반이 됩니다. 이 시기에는 강력한 군사력과 사회적 연대가 형성되어 국가의 권력이 절정에 도달하게 됩니다.

번영의 시기가 지속되면서 국가의 구성원들은 점차 안일함과 여유에 빠지기 시작합니다. 초기의 덕이 초래한 번영이 이제는 새로운 세대에게 단순한 '당연함'으로 인식되고, 점차 과거의 고난과 희생을 잊게 되는 것입니다. 이로 인해 안일함과 부주의가 증가하고, 부유함에 기댄 방종과 사치가 생겨나면서 부패와 무질서가 발생합니다. 이 상태에서는 더 이상 덕을 강조하거나 희생을 강요하지 않으며, 국가의 핵심 가치는 희미해지고 리더십은 약화됩니다.

마키아벨리는 이러한 부패가 국가의 쇠퇴와 파멸을 초래한다고 봅니다. 그러나 마키아벨리는 파멸이 필연적인 끝이 아니라고 말합니다. 오히려 파멸은 새로운 질서를 탄생시키는 계기가 될 수 있다고 보았습니다. 파멸의 과정에서 국가의 부패와 무질서가 극에 달하면, 이는 결국 강력한 새로운 지도자 또는 지도 세력이 등장할 수 있는 배경이 됩니다. 이들은 예전의 덕을 회복하며 새로운 사회적 질서를 세워나가고, 국가를 다시 번영으로 이끕니다.

이 새로운 질서와 덕의 회복이 이루어지면, 국가는 다시 영광과 번영의 시기를 맞이하게 됩니다. 마키아벨리는 이러한 순환 과정을 통해 국가와 권력이 흥망성쇠를 반복하는 것을 자연스러운 현상으로 설명하며, 지도자와 국민의 덕이 강력하게 유지될 때만이 이 순환의 주기를 연장할 수 있다고 강조합니다.

즉 모든 것이 순환한다는 사실을 강조하며 번영과 쇠퇴, 그리고 다시 번영으로 이어지는 주기를 설명합니다. 이는 개인의 삶, 조직의 성장, 국가의 흥망성쇠 등 다양한 측면에서 적용될 수 있는 통찰입니다. 이는 마키아벨리의 정치적 현실주의와 역사적 순환론을 보여주며, 국가의 흥망성쇠를 이해하는 데 중요한 관점입니다.

이번 명제를 설명하는 《군주론》 속 문장은 마키아벨리가 반복적으로 강조하는 변화와 준비의 중요성을 잘 요약한 구절입니다. 평온한 시기가 오더라도, 군주는 안일함에 빠지지 말고 항상 위기에 대비해야 하며, 질서가 무너질 때도 덕을 발휘하여 새로운 질서를 세우는 힘을 길러야 합니다.

마키아벨리가 국가의 흥망성쇠를 설명하며 제시한 순환론은 개인의 인생사에 그대로 빗댈 수 있습니다. 우리의 삶에도 시기마다 상승과 하강의 주기가 있으며, 고난과 시련 속에서 새로운 기회를 찾아갈 수 있는 가능성을 제시합니다. 좋은 시기가 지속될 때 점차 안일함을 경계하고, 어려움이 닥쳤을 때 순환의 법칙을 이해하고 삶의 교훈으로 삼는다면 우리는 다시금 강해질 수 있는 기회를 얻게 됩니다. 마키아벨리의 순환론은 어려움은 결코 인생의 끝이 아니라, 더 큰 도약을 위한 과정임을 시사하고 있습니다. 즉 인생은 한 번의 직선적 여정이 아니라, 끊임없이 순환하며 성장과 쇠퇴가 반복되는 자연스러운 흐름 속에 존재함을 설명합니다.

따라서 마키아벨리의 순환 이론을 잘 이해한다면 우리는 개인의 삶과 사회 속에서 지속 가능한 발전과 영광, 행운을 모두 이룰 수 있을 것입니다.

세상과 인간, 그리고 역사는 반복된다

성공 후의 배신을
경계하라

"다른 사람을 강하게 만든 이는 결국 파멸한다.
그 힘은 교활함이나 권력에 의해
불신을 받기 때문이다."

"Chi è cagione che un altro diventi potente,
rovina; perché quella potenza è stata procurata o con l'astuzia o con la forza,
e l'una e l'altra sono sospette a chi è diventato potente."

―《군주론》 3장 중에서―

셰익스피어의 비극《리처드 3세》에서 리처드 글로스터는
자신의 형제 에드워드 4세를 왕위에 오르게 하는 데 큰 역
할을 합니다. 그는 교활한 계략과 힘을 사용하여 형제를 도
와 권력을 쥐게 합니다. 그러나 에드워드 4세가 왕위에 오른
후에도 교활한 정치적 행동과 권력 욕심을 버리지 않는 리
차드를 에드워드는 점점 불신하게 됩니다. 리처드는 결국 자
신이 도운 형제에게 배신감을 느끼며, 자신이 왕위를 차지하
기 위해 점점 더 음모와 살인을 일삼게 됩니다. 리처드는 형
제를 도와 그가 권력을 쥐는 데 공을 세웠지만, 결국 불신을
받고 파멸하게 됩니다.

마키아벨리는 《군주론》에서, 새로운 권력을 얻은 지도자는 자신의 권력 상승을 도운 사람들을 잠재적 위협으로 인식할 수 있다고 설명합니다. 이는 권력의 획득 과정이 교활한 책략이나 무력에 의해 이루어지는 경우가 많기 때문입니다. 지도자는 자신을 도운 사람들이 자신을 배신하거나 제거할 수 있다는 두려움을 가지게 되고, 이를 피하기 위해 권력을 함께 쥐었던 이들을 멀리하거나 제거하려 합니다.

이러한 상황은 마키아벨리가 자주 언급하는 체사레 보르자의 사례에서도 잘 드러납니다. 체사레 보르자는 로마냐 지역을 장악할 때, 현지 귀족들의 도움을 받아 권력을 얻었습니다. 그러나 권력을 확립한 후에는 이 귀족들을 하나씩 제거하기 시작했습니다. 체사레는 자신이 권력을 잡는 데 도움을 준 이들이, 자신의 권력에 가장 큰 위협이 될 수 있는 존재임을 인식하고 있었기 때문입니다.

우리는 종종 다른 사람의 성공이나 경력을 쌓는 것을 돕기 위해 노력합니다. 그러나 이러한 행위가 항상 긍정적인 결과를 가져오지는 않습니다. 때로는 우리가 도움을 준 사람이 성공한 후, 우리를 배신하거나 불신할 수 있습니다. 이는 권력과 성공은 성취감과 함께 불안감을 가져오기 때문입니다. 따라서 다른 사람을 도울 때는 신중해야 하며, 그들의 성공이 나의 성공은 아니라는 사실을 늘 염두에 두고 주의해야 합니다. 그들의 불안이 아무도 모르게 그들을 도와준 이에게로 향할 수 있기 때문입니다. 물론 성공 후 도와준 이의 공을 치하하여 함께 성공의 기쁨을 만끽하거나 은혜를 갚고자 하는 사람들도 분명 존재합니다. 다만 그렇지 않을 상황을 대비해 두는 것이 어떤 결과가 오든 잘 대처할 수 있는 방법입니다.

에드워드 4세가 결국 자신이 권력을 잡는 데 큰 공을 세운 리처드를 경계하고 배척한 것은 리처드가 어떤 방식으로 자신이 권력을 잡는 데 도움이 되었는지를 곁에서 지켜봤기 때문입니다. 따라서 우리는 다른 사람을 도울 때 그 결과를 신중하게 고려하면서 어떠한 방식으로 도와줄지 고심해야 합니다. 비겁하고 악랄한 방식은 리처드의 사례처럼 아무리 큰 공을 세웠다고 해도 신뢰를 잃을 수 있습니다. 권력과 성공은 인간관계에 복잡한 영향을 준다는 것을 늘 염두에 두고 행동해야 합니다.

도움을 줄 때도 신중히 판단하라

38

단기적인 유혹을
경계하라

"인간은 흔히 작은 새처럼 행동한다.
즉 눈앞의 이익에만 집중해
다가오는 매의 위협을 보지 못하는 참새와 같다."

"Gli esseri umani spesso si comportano come piccoli uccelli. Proprio come un passero che,
distratto dal cibo davanti a sé, non si rende conto che un falco o un'aquila sta per colpirlo alla testa."

−〈군주론〉 18장 중에서−

조너선 스위프트의 《걸리버 여행기》에는 소인국 릴리펏이 등장합니다. 이 작품에서 주인공 레뮤얼 걸리버는 다양한 모험을 통해 여러 나라를 방문하게 되는데, 그중 작은 인간들이 사는 나라 릴리펏도 방문하게 됩니다. 릴리펏 사람들은 작은 것들에 집착하고, 사소한 문제에 매몰되어 큰 문제를 보지 못하는 특징이 있습니다. 그들은 눈앞의 작은 이익과 사소한 권력 다툼에만 정신이 팔려 있습니다. 그 사람들은 나무 끝에 달린 달걀을 깨는 방식 때문에 내전을 일으키고, 작은 권력 다툼으로 국가의 자원을 낭비합니다. 이러한 사소한 문제에 집착하는 동안, 그들은 진정으로 중요한 문제를 보지 못하고, 외부의 큰 위협을 간과합니다. 이로 인해 릴리펏은 내부의 분열과 약화로 큰 위기에 직면하게 됩니다.

마키아벨리는 인간이 종종 당장의 이익이나 유혹에 쉽게 빠져 장기적인 위험을 간과하는 경향이 있다는 점을 지적합니다. 특히 군주가 자신의 통치와 권력을 유지하기 위해서는 작은 이익이나 즉각적인 만족에 집착하기보다는 더 큰 위험과 기회를 주의 깊게 살펴야 한다고 이야기합니다. 즉 우리가 작은 이익에만 집중하는 대신 장기적인 관점에서 인생을 바라보며 더 큰 위험과 기회를 인식해야 한다는 중요한 메시지를 전달합니다.

《군주론》에서 마키아벨리는 참새와 매의 비유를 통해 군주가 단기적인 이익만을 좇는 것의 위험성과 장기적인 전략의 중요성을 강조합니다. 여기서 참새는 눈앞의 작은 이익에만 몰두하는 인물을, 매는 장기적인 계획과 전략을 갖춘 인물을 상징합니다. 참새는 자신에게 주어진 작은 먹이(이익)에 정신이 팔려 위험을 인식하지 못하는 반면, 매는 참새가 방심한 순간을 기회로 삼아 순식간에 공격합니다. 이 비유는 장기적인 전략과 상황 분석이 부족할 때 얼마나 큰 위험에 빠질 수 있는지를 경고합니다. 예를 들어, 단기적인 이익만을 추구하는 군주는 자신에게 주어진 작은 승리나 이득에 만족할 수 있지만, 그 과정에서 장기적 위협을 놓치거나 진정한 위험을 간과할 수 있습니다. 마키아벨리는 이러한 군주의

군주론 인생 공부

행동이 눈앞의 이익에 집착하다가 큰 위기에 처할 수 있음을 경고하며, 장기적이고 전략적인 사고를 바탕으로 한 통치를 강조합니다.

이처럼 참새와 매의 비유는 군주가 참새처럼 쉽게 얻을 수 있는 작은 보상에 집착하는 대신, 매처럼 상위에서 전체 상황을 통찰하고 기회를 기다려야 한다는 메시지를 담고 있습니다.

오늘날 많은 사람들은 일상생활에서 다양한 유혹과 단기적인 만족을 쉽게 접할 수 있습니다. 그러나 이러한 순간의 즐거움이나 작은 보상을 추구하다 보면 장기적인 목표나 큰 그림을 보지 못하게 되는 경우가 많습니다. 예를 들어 직장에서 단기적인 성과에만 집중하다 보면 장기적인 경력 개발이나 더 큰 목표를 잃어버릴 수 있습니다. 또한 개인적인 측면에서도 릴스나 쇼츠 등 짧은 영상으로만 정보를 습득하고 시간을 보내는 경우, 집중력 저하와 도파민 중독 위험성이 있습니다. 독서와 사유를 통해 시간을 들여 문장력과 문해력을 길러야 하는데, 짧은 영상으로 정보를 얻고 재미를 느끼다 보니 다양한 문제가 발생하고 있습니다.

마키아벨리의 이번 명제와 소인국 릴리펏의 사례는 단기적인 만족에만 집중하면 위험을 감지하지 못하고, 결과적으로 위기에 처할 수 있다는 교훈을 줍니다. 우리가 눈앞의 작은 유혹에만 집착하지 않고, 더 큰 그림을 보고 장기적인 목표를 향해 나아갈 때, 우리는 더 나은 선택을 하고, 더 안전하고 만족스러운 삶을 살 수 있을 것입니다.

큰 그림을 보며 선택하라

통제할 수 없는 부분도 개척하라

> **"운명은 우리 행위의 절반을 지배하고,**
> **다른 절반을 우리들에게 양보한다."**
>
> "La fortuna è arbitra della metà delle azioni nostre, ma ci lascia pur governare l'altra metà."
>
> ─《군주론》 25장 중에서─

알렉스 헤일리의 소설 《뿌리》는 주인공 쿤타 킨테의 이야기를 중심으로 아프리카에서 미국으로 강제 이주된 아프리카계 미국인들의 삶을 그립니다. 쿤타 킨테는 노예로 끌려가면서 자신의 운명을 통제할 수 없는 상황에 처하지만, 그럼에도 불구하고 그는 자신의 정체성을 유지하고자 끊임없이 노력합니다. 그의 자손들 역시 자신들에게 주어진 힘을 최대한 활용하여 자유와 권리를 쟁취하고, 자신의 삶을 개척해 나갑니다. 이 소설은 운명이 우리에게 주는 도전에 맞서싸우며, 우리가 통제할 수 있는 부분에서 최선을 다하는 인간의 강인함을 보여줍니다.

마키아벨리는 운명이 인간의 삶에 큰 영향을 미칠 수 있음을 인정하면서도, 군주는 자신의 운명을 통제하고 상황에 따라 유연하게 대응해야 한다고 강조합니다. 그는 인간이 운명의 지배를 받는다고 해서 무기력하게 수동적인 자세를 취해서는 안 되며, 운명에 맞서 싸울 수 있는 능력을 갖춰야 한다고 설명합니다.

《군주론》에서 마키아벨리는 군주에게 운명에 맞서 싸우거나 대응할 능동적인 자세를 요구합니다. 운명은 언제나 예기치 못한 방식으로 나타날 수 있지만, 군주는 철저한 준비와 유연한 대응을 통해 그 영향을 줄일 수 있습니다. 따라서 운명의 힘을 인정하되, 자신의 능력으로 그 흐름을 바꿀 수 있는 가능성을 강조하는 것이 마키아벨리의 핵심 주장입니다.

마키아벨리는 미래 군주의 운명을 예측하며 《군주론》에서 운명(포르투나)과 능력(비르투)의 개념을 통해 인간의 삶에서 예측할 수 없는 변수와 인간의 능동적 대응이 상호작용한다고 설명합니다. 그는 인간이 삶에서 50%는 운명에 따라 살고 있지만, 나머지 50%는 자신의 능력과 의지에 따라 통제할 수 있다고 주장합니다.

운명(포르투나)은 강물의 흐름처럼 예측할 수 없는 변화와 사건을 인간의 삶에 가져오는 존재로, 마키아벨리는 이를 강의 범람에 비유합니다. 강물이 범람하여 주변 지역을 덮칠 때 인간은 이에 대비하지 못하면 큰 피해를 입게 되지만, 미리 대비해 강둑을 쌓고 수로를 정비하면 피해를 줄일 수 있다는 것입니다. 이처럼 마키아벨리는 운명이 언제든지 예기치 않은 사건을 가져올 수 있음을 강조하며, 군주가 이를 통제할 수 없음을 받아들여야 한다고 봅니다. 그러나 군주는 단순히 운명을 탓하기보다는, 변화에 대비하고 적응하는 능동적인 자세를 유지해야 합니다.

나머지 50%는 인간의 능력, 즉 비르투(virtù)에 달려 있다고 마키아벨리는 주장합니다. 여기서 비르투는 단순한 도덕적 덕목이 아니라, 군주가 변화하는 상황에서 결단력 있게 대응하고 기회를 창출하며 적극적으로 행동하는 능력을 뜻합니다. 특히 군주는 시대와 환경이 가져오는 불확실성에 민감하게 반응하고, 자신의 통치를 강화하기 위해 능력과 결단력을 발휘해 운명을 극복할 수 있어야 한다고 이야기합니다.

마키아벨리는 운명에 맞서 적극적으로 대응한 지도자의 사례로 교황 율리오 2세의 일화를 제시합니다. 율리오 2세는 운명에 수동적으로 반응하는 대신, 과감한 결단을 내리고 직접 군대를 이끌고 볼로냐를 교황령으로 복속시키기 위해 나서거나 이탈리아 내에서의 정치적 기회를 포착해 베네치아 및 다른 도시국가들과 동맹을 형성하는 등 자신의 운명을 개척하기 위해 주도적으로 행동합니다. 그는 단순히 상황에 의해 휘둘리는 것이 아니라, 주도적으로 기회를 만들어 자신의 권력을 확장하는 데 성공한 것입니다.

결국 마키아벨리는 운명에 의존하는 것이 아니라, 능력과 준비를 통해 예상치 못한 변화에 대비함으로써 군주가 통치를 안정적으로 유지할 수 있다고 보았습니다. 이처럼 운명과 능력의 조화를 강조한 마키아벨리의 통찰은, 군주가 어떠한 상황에서 중요한 결정을 운명에 맡기기보다는 스스로 준비하고 능동적으로 변화에 대응하는 태도가 성공적인 통치를 위한 열쇠임을 일깨워 줍니다.

즉, 우리의 삶에서 통제할 수 없는 요소와 우리가 선택하고 결정할 수 있는 요소의 균형을 강조합니다. 운명은 우리가 아무리 노력해도 바꿀 수 없는 외부 요인들을 의미하며, 이는 때때로 우리에게 불가피한 상황을 가져다줍니다. 반면, 마키아벨리가 이야기한 운명이 우리에게 양보한 절반은 우리가 직접 선택하고 행동함으로써 삶을 변화시킬 수 있는 부분을 의미합니다.

이 이야기는 우리가 통제할 수 없는 상황을 마주한다 해도 언제든 그 상황을 돌파하기 위한 전략과 수단을 대비해 두고 상황에 따라 적절하게 선택하고 행동해야 한다는 것을

군주론 인생 공부

뜻합니다. 이는 개인의 역량과 책임이 중요한 역할을 한다는 사실을 상기시켜 줍니다.

우리는 통제할 수 없는 상황에 직면할 때도 있지만, 우리가 어떻게 반응하고 어떤 선택을 하는지는 여전히 우리 손에 달려 있습니다. 운명이 우리의 절반을 지배할지라도, 나머지 절반을 통해 스스로의 삶을 형성하고 나아갈 수 있습니다. 이 균형을 이해하고 실천하는 것이야말로 성공적이고 의미 있는 삶을 살아가는 열쇠입니다.

운명이 양보한 절반으로 자신의 길을 개척하라

40

때로는 도덕적 기준을
무시하라

"정치는 도덕과 그 어떤 관계도 없다."

"La politica non ha alcun rapporto con la morale."

－〈군주론〉 15장 중에서－

　　노벨문학상 수상작인 윌리엄 골딩의 소설 《파리대왕》은
무인도에 갇힌 소년들이 초기에는 질서와 도덕을 지키려 노
력하지만, 점차 생존을 위한 권력 투쟁 속에서 도덕적 기준
이 무너지는 과정을 그리고 있습니다. 소설의 주인공 랄프와
잭은 각각 질서와 무질서를 상징하는 인물로, 랄프는 도덕적
기준을 지키려 하지만 잭은 권력을 얻기 위해 도덕적 규범을
무시하고 폭력과 공포를 사용합니다. 소년들은 처음에는 서
로 협력하고 민주적으로 문제를 해결하려 하지만, 점차 잭의
강압적인 리더십에 굴복하게 됩니다. 잭은 공포와 폭력을 통
해 소년들을 통제하고, 랄프와 같은 도덕적인 리더십을 약화
시킵니다. 이는 생존이 절박한 상황에서 도덕적 원칙을 지키

기 힘들다는 마키아벨리의 주장과 일치합니다.

마키아벨리는 군주가 권력을 유지하고 효과적으로 통치하기 위해서는 도덕적 이상에 얽매이지 않고, 현실적이고 실용적인 접근을 취해야 한다고 주장합니다. 그는 정치에서 군주가 항상 도덕적이어야 한다는 기대는 비현실적이며, 오히려 때로는 비도덕적인 수단을 사용해서라도 권력을 유지하고 국가를 안정시키는 것이 더 중요하다고 봅니다.

정치적 성공을 위해 도덕적 원칙을 무시할 수 있다는 생각은 마키아벨리의 정치적 현실주의에서 핵심적인 위치를 차지합니다. 《군주론》 15장에서 마키아벨리는 군주가 전통적인 도덕적 관념에 얽매이지 않고, 상황에 따라 실용적인 전략을 우선시해야 한다고 강조합니다. 그는 정치라는 무대가 매우 불확실하고 잔인한 세계이기 때문에, 군주가 이상적 도덕성을 지키려고만 한다면 오히려 약점이 드러나 위험에 처할 수 있다고 보았습니다. 마키아벨리는 정치에서 도덕과 실용성을 구분하며, 군주가 도덕적 가치보다는 효과적인 통치 목표에 맞는 행동을 선택해야 한다고 주장합니다. 그는 군주가 '선한 이미지'만을 유지하려는 것이 오히려 적에게 약점을 노출하고, 국가와 자신의 안전을 위태롭게 할 수 있음을 경고합니다.

예를 들어, 군주가 신의를 지키는 것은 바람직하지만, 때에 따라 신의를 깨뜨리거나 거짓을 사용할 필요가 있다면 주저하지 말아야 한다고 설명합니다. 이는 군주가 진정한 선행보다 정치적 성공을 위해 비도덕적 행위도 감수해야 한다는 마키아벨리의 현실주의적 통찰을 보여줍니다. 즉 마키아벨리는 정치라는 세계는 늘 변화하고 위험에 직면해 있으며, 이에 맞서기 위해서는 이상적인 도덕성을 추구하기보다는 실질적이고 효과적인 방법을 추구해야 한다고 봤습니다. 이를 통해 그는 군주가 자신의 권력과 국가를 지키기 위해 필요할 때는 비도덕적 수단도 서슴지 않아야 한다는 교훈을 제시합니다.

이 말을 현대적으로 해석하면 정치인들이나 정부가 정책을 결정할 때 모든 도덕적 측면을 완전히 고려할 수 없음을 의미합니다. 즉 정치적 결정이 종종 도덕적 이상과 충돌할 수밖에 없다는 사실을 인식해야 합니다. 예를 들어 정치적 결정은 종종 다수의 이익을 위해 소수의 희생을 요구할 수 있습니다. 이는 복잡한 사회 문제를 해결하는 과정에서 불가피하게 발생하는 현실입니다. 정치적 리더들은 단기적인 인기나 지지를 얻기 위해 근시안적인 정책을 추진하기도 하지만, 장기적으로 국가와 사회의 안정을 위해 더 큰 그림을 보아야 합니다.

또 다른 예로, 환경 보호와 경제 개발 사이의 갈등을 들 수 있습니다. 정부는 환경 보호를 위해 엄격한 규제를 시행해야 하지만, 이는 동시에 경제 성장을 저해할 수 있습니다. 이러한 상황에서 정부는 두 가지 상충하는 목표 사이에서 신중하게 선택해야 하며, 최악보다 차악을 선택하는 방식으로 정책을 결정하게 됩니다.

정치적 결정은 복잡하고 다면적인 문제를 포함하며, 모든 사람을 만족시킬 수는 없습니다. 위 사례에서 잭의 무리가 도덕을 버리고 권력을 추구하는 모습처럼 정치는 종종 도덕적 기준을 무시하고 권력 자체에 집중하는 현실을 보여 주기도 합니다. 다만 이러한 모습은 국민들의 피로를 자아낼 수 있으므로 정치인들도 최소한 도덕적으로 행동하고자 노력하는 모습을 보여 줄 필요는 있습니다. 이러한 점을 통해 우리는 정치의 복잡성을 들여다보고, 현실적인 시각에서 정치적 사건과 행위를 다면적으로 평가할 수 있습니다.

권력과 도덕의 딜레마는 영원한 숙제다

41

신의는 힘으로
지켜야 한다

"개인 사이에서는 법이 신의를 지키지만,
권력자들 사이에서는 힘만이 신의를 지킨다."

"Tra gli individui, le leggi, i contratti o gli accordi aiutano a mantenere la fede.
Ma tra coloro che detengono il potere, la fede è mantenuta solo dal potere."

－《군주론》 9장 중에서－

냉전 동안 미국과 소련(현 러시아)은 여러 차례 핵무기 감축 협정을 맺었지만, 이러한 협정들이 유지될 수 있었던 근본적인 이유는 두 초강대국 사이의 힘의 균형 때문이었습니다. 1962년 쿠바 미사일 위기는 이 점을 극명하게 보여줍니다. 소련이 쿠바에 핵미사일을 배치하자, 미국은 이를 강력히 반대하며 군사적 대응을 준비했습니다. 양국은 서로의 힘을 인식하고, 결국 소련이 미사일을 철수하고 미국은 쿠바를 침공하지 않기로 합의하며 위기가 해소되었습니다. 미국과 소련은 법률이나 협정만으로는 신의를 유지하기 어려운 상황에서 서로의 군사적 힘을 인식하고 균형을 유지함으로써 평화를 지킬 수 있었습니다.

군주론 인생 공부

마키아벨리는 《군주론》에서 군주가 통치 과정에서 도덕적 규범이나 법적 계약에 얽매이지 않고 현실적인 힘과 권력을 활용해야 한다고 주장합니다. 그는 권력자들 사이의 약속이 단순한 도덕적 의무로 유지되지 않으며, 실질적인 권력을 소유한 군주만이 이를 강력히 실행하고 지킬 수 있는 능력이 있다고 보았습니다.

또한 마키아벨리는 군주가 다른 권력자들과 협정이나 약속을 맺더라도, 그 약속이 실제로 지켜지는 것은 상대 군주가 그 약속을 지킬 힘을 갖추었을 때뿐이라고 설명합니다. 예를 들어, 한 군주가 군사적으로 우위를 가지고 있거나 동맹국을 통해 강력한 위치에 있다면, 그의 약속은 더욱 신뢰받고 지켜질 가능성이 높습니다. 반대로, 만약 군주가 약속을 지킬 만한 힘을 상실한다면 그 약속은 쉽게 무시되거나 파기될 수 있습니다. 권력의 불균형 속에서는 약속이 일방적인 의무가 아닌, 실질적인 힘에 의해 지켜지는 수단으로 작용하게 됩니다.

마키아벨리의 이러한 견해는 정치적 동맹이 종종 약속을 지키지 않는 상황에서 실질적인 힘을 가진 자에게 유리하게 작용하는 현실을 반영합니다. 약속이 지켜지기 위해서는 군주가 자신의 위치와 권력을 강화하고 유지해야 하는데, 이를 위해서는 도덕적 규범을 넘어선 전략과 행동이 필요합니다.

즉 군주는 거대한 힘을 갖추고 필요에 따라 실질적인 권력을 통해 약속을 지키거나 깨뜨리며 자신을 보호하고 권력을 유지할 수 있어야 한다고 마키아벨리는 이야기합니다.

또한 군주는 군중의 지지를 얻으면 상대적으로 안정적인 통치를 유지할 수 있지만, 귀족들은 경계해야 한다고 마키아벨리는 이야기합니다. 귀족은 자신의 이익을 추구하며 언제든지 군주를 배신할 수 있는 존재이므로, 군주는 강력한 힘과 권력을 손에 넣고 귀족에게 휘둘리지 않도록 경계해야 합니다.

이는 정치에서 이상보다는 현실적인 힘의 중요성을 강조한 것입니다. 평범한 사람들은 일반적으로 법과 계약을 통해 상호 신뢰를 구축하고 유지할 수 있지만, 권력을 가진 사람들, 정치인이나 기업의 최고 경영자 등은 힘의 균형을 통해 신의를 유지해야 한다는 것을 의미합니다.

냉전 시대의 미국과 소련의 사례는 오늘날의 국제 정치에도 많은 교훈을 줍니다. 현대의 국제 관계에서도 국가 간의 조약이나 협정은 중요하지만, 실제로 이러한 약속이 지켜지는지는 각 국가의 힘과 권력에 크게 좌우됩니다. 핵무기 확산 방지 조약(NPT)이나 파리 기후 협정과 같은 국제 협정들은 각 국가의 준수 여부가 그들의 힘과 강대국에 유리한 국제적 영향력에 달려 있습니다. 세계의 평화를 유지하기 위해서는 힘의 균형을 유지하면서도 협력을 이끌어내는 것이 중요하며, 이는 국제 정치에서 지속적인 평화와 안정을 유지하는 데 필수적입니다.

이는 기업 경영이나 조직 내 권력 구조에서도 적용될 수 있습니다. 기업 내에서 최고 경영진은 계약과 규정을 통해 신뢰를 구축하지만, 실질적으로는 각자의 영향력과 힘을 통해 균형을 유지하며 협력합니다. 예를 들어 대기업 간의 합병이나 인수 과정에서도 법적 계약은 중요하지만, 각 기업의 협상력과 시장에서의 위치가 결정적인 역할을 합니다.

마키아벨리의 이번 명제처럼 리더는 단순히 법과 계약에 의존하기보다는, 실질적인 힘과 영향력을 바탕으로 신의를 유지해야 합니다. 이는 더 큰 목표를 달성하고, 조직이나 국가를 안정적으로 이끌어가는 데 중요한 요소입니다. 권력과 신뢰의 관계를 깊이 이해하는 것은 개인적인 인간관계뿐만 아니라, 조직과 국가의 성공적인 운영에도 필수입니다.

신뢰는 권력 위에서 더 굳건해진다

42

리더십의 부재는
파괴를 불러온다

"지도자 없는 군중은 예측할 수 없고
무서운 존재이지만, 동시에 가장 취약하다. "

"Non c'è nessuno così temibile come una folla incontrollata senza un leader,
ma d'altra parte non c'è nessuno così vulnerabile."

―〈군주론〉 9장 중에서―

이 명제의 적절한 사례로는 2003년 이라크 전쟁 후의 상
황을 들 수 있습니다. 사담 후세인 정권이 무너진 후 이라크
는 리더의 공백으로 혼란한 상황이 지속되고 있었습니다. 중
앙 정부의 부재로 지역 군벌과 다양한 무장 단체들은 권력
을 잡기 위해 무자비한 폭력과 혼돈을 불러일으켰으며, 이로
인해 이라크는 예측할 수 없는 상황 속에 빠져 있었습니다.
다양한 민족과 종파의 갈등은 격화되었고, ISA 같은 극단주
의 단체들이 이 혼란을 틈타 세력을 확장했습니다. 이러한
상황 속에서 결국 민간인들은 엄청난 피해를 입고, 이라크는
극도로 취약한 나라가 되어 갔습니다.

마키아벨리는 통제가 없는 군중이 얼마나 위험에 취약해질 수 있는지를 경고하며, 지도자가 없는 군중은 쉽게 혼란에 빠질 수 있다고 이야기합니다. 이러한 상황에 처한 군중은 예측 불가능하고 위험하지만, 동시에 군중을 이끌어줄 지도자가 없기 때문에 매우 취약합니다. 마키아벨리는 군주는 현명하고 담대한 리더십으로 군중을 잘 이끌어야 한다고 강조하며, 이러한 지도자의 통치를 받으며 확립되고 안정된 질서 속에서 생활하는 군중들만이 강력한 힘을 발휘할 수 있다고 주장합니다.

마키아벨리는 《군주론》 9장에서 군중이 지도자 없이 행동할 때 사회에 미치는 혼란과 무질서의 위험성을 경고했습니다. 그는 군중이 자신의 감정과 욕망을 자제하지 못하고 통제 불능 상태에 빠질 수 있다고 보았으며, 이러한 상황에서 군주는 군중을 통제하고 질서를 유지하는 역할을 해야 한다고 주장했습니다. 마키아벨리의 관점에서 군주는 단순히 군중을 통치하는 것이 아니라, 군중의 신뢰와 지지를 얻어 그들을 조직화하고, 강력한 국가를 만드는 리더십을 발휘해야 하는 존재입니다.

마키아벨리는 지도자 없는 군중이 개인의 감정과 욕망에 휩쓸려 행동할 때의 위험성을 강조합니다. 예를 들어, 군중이 주도적인 지도자 없이 서로 다른 목적을 위해 행동하게 되면, 갈등이 발생하고 사회적 혼란을 초래할 수 있습니다. 지도자가 없는 군중은 분열되고 혼란에 빠지기 쉽고, 이는 결국 국가의 안정과 질서에 위협이 됩니다. 마키아벨리는 이러한 이유로 군중이 특정 지도자를 중심으로 화합되어야 한다고 주장합니다.

즉 군주가 군중을 통제할 수 있어야 하며, 그들이 혼란에 빠지지 않도록 지도해야 한다고 마키아벨리는 주장합니다. 군중은 질서와 지도력이 있을 때 강력하지만, 지도자가 없을 때는 무기력해집니다. 군주가 군중의 신뢰와 지지를 얻고 그들을 조직화하여 강력한 국가를 만들 수 있음을 강조한 것입니다. 이는 사회적 혼란과 무질서의 위험성을 경고하며, 리더십의 중요성을 떠올리게 합니다.

사회나 어떤 조직에서 리더의 부재는 큰 혼란을 초래할 수 있으며, 이는 단순한 무질서가 아닌 사회나 조직의 붕괴라는 위험까지도 가져올 수 있습니다. 즉 군중을 이끌고 통제하는 지도자가 부재하는 상황은 군중을 예측 불가능하게 만들고, 이는 사회 전체의 안전과 질서를 위협할 수 있습니다. 동시에 외부의 위협에 매우 취약해지며, 쉽게 정복당하거나 끌려다닐 수 있습니다. 따라서 리더의 역할은 단순히 조직을 이끌고 방향을 제시하는 것만이 아니라, 조직이나 사회의 안정을 유지하고, 외부의 위협으로부터 보호하는 것입니다.

군주론 인생 공부

앞서 살펴본 이라크의 사례처럼 지도자의 부재는 국가의 안정과 질서를 무너뜨리고 폭력과 혼돈을 가져옵니다. 또한 그에 대한 피해는 고스란히 국민들이 떠안아야 합니다. 이러한 사례와 마키아벨리의 이번 명제를 통해 우리는 리더십의 중요성과 그 역할의 중대성을 다시 한번 생각해 볼 수 있습니다. 사회의 혼란과 무질서의 위험을 피하고, 국가의 번영과 안정된 질서를 강화하기 위해서라도 강력하고 유능한 리더는 우리 곁에 꼭 필요합니다.

리더 부재의 위험성을 직시하라

마키아벨리는 1469년 피렌체에서 태어났습니다. 그는 비교적 평범한 가정에서 자랐지만, 충분한 교육을 받으며 학문에 대한 깊은 열정을 키웠습니다. 1498년, 메디치 가문이 피렌체에서 쫓겨나고 공화정이 수립되자 마키아벨리는 피렌체 공화국의 외교관으로 임명되었습니다. 그는 이 역할을 통해 여러 유럽 국가들을 방문하고 정치적, 군사적 사건들을 직접 목격했습니다.

특히, 그는 중앙 이탈리아에서 세력을 확장한 체사레 보르자와의 접촉을 통해 권력을 유지하고 확장하는 데 필요한 전략과 기만술을 깊이 이해하게 되었습니다. 마키아벨리와 체사레 보르자의 만남은 그의 저서 《군주론》에 지대한 영향을 미쳤습니다.

그러나 1512년, 메디치 가문이 스페인의 군사적 지원을 받아 피렌체에서 권력을 되찾았을 때 마키아벨리의 운명은 급변하게 됩니다. 메디치 가문은 그가 공화정에서 활동했던 점을 문제 삼아 그를 반대 세력으로 간주했고, 결국 마키아벨리는 고문을 당한 후 감옥에 수감되었습니다. 다행히도 그는 사면을 받고 석방되었지만, 정치적으로 완전히 실각하게 됩니다. 이후 그는 피렌체 근교의 시골인 산 카시아노로 물러나 은둔 생활을 하게 됩니다.

정치적 복귀의 꿈을 버리지 않았던 마키아벨리는 메디치 가문의 신임을 얻기 위해 《군주론》을 집필했습니다. 1513년에 완성된 이 책을 통해, 마키아벨리는 메디치 가문이 그를 다시 정치 무대로 불러줄 것을 기대했습니다.

《군주론》의 서문에서 마키아벨리는 로렌초 데 메디치에게 이 책을 헌정하면서 자신의 정치적 경험과 통찰을 통해 메디치 가문이 강력한 권력을 유지하는 데 도움을 주고자 한다고 설명합니다. 그는 서문에서 로렌초에게 이렇게 말합니다.

로렌초 피에로 데 메디치님께.

당신의 위대한 명성에 걸맞은 무언가를 바치고자 하였으나, 제가 가진 것 중 가장 귀하고 가치 있다고 여기는 것은 인간의 위대한 행위에 대한 지식뿐입니다. 이는 제가 현대의 일들을 오랜 기간 경험하며 얻은 것과, 고대의 일들을 지속적으로 공부하며 얻은 것입니다. 이 모든 것을 매우 신중하게 검토하고 분석한 후, 이를 작은 책자로 정리해 당신께 바칩니다.

마키아벨리는 로렌초에게 강력한 군주가 되기 위해 필요한 통치술을 제시하며, 그가 피렌체와 이탈리아를 통합하고 강력하게 통치할 수 있기를 바랐습니다. 특히, 메디치 가문이 피렌체와 이탈리아에서 강력한 영향력을 유지할 수 있도록, 마키아벨리는 《군주론》에 군주의 역할에 대한 현실적이고 냉철한 조언을 담았습니다.

《군주론》은 메디치 가문에게 마침내 헌정되었으나, 마키아벨리의 기대와는 달리 메디치 가문은 그를 다시 중용하지 않았습니다. 메디치 가문은 그를 여전히 불신했고, 과거 공화정 체제에서 활동했던 그의 경력을 부정적으로 보았습니다. 결국 마키아벨리는 정치적 복귀에 실패하고, 남은 생을 은둔 속에서 보내야 했습니다.

정치적으로 몰락한 마키아벨리는 농촌 생활을 하며 지루함을 달래기 위해 종종 카드놀이나 주민들과의 대화로 시간을 보내곤 했습니다. 그러나 그는 정치에 대한 열정을 버리지 않았습니다. 마키아벨리는 그 당시 공직에 복귀하기 위한 여러 시도를 하면서도, 자신의 농촌 생활을 즐기는 듯한 모습을 보여 주었습니다. 특히 그가 친구인 프란체스코 베토리에게 보낸 편지에서 마키아벨리의 독특한 유머 감각과 현실을 받아들이는 태도를 엿볼 수 있습니다.

하루는 마키아벨리가 다음과 같이 편지를 썼습니다.

"낮에는 농장 일을 하고, 이웃들과 카드놀이를 하며 시간을 보냅니다. 그러나 저녁이 되면, 로브(긴 옷)를 입고 고전 작가들과 함께 대화를 나눕니다. 마치 그들이 저를 손님으로 맞이하듯이요. 그들과 이야기를 나눌 때, 저는 제 삶의 모든 걱정을 잊고, 그들의 지혜를 배울 수 있는 영광을 느낍니다."

이 편지에서 마키아벨리는 자신이 농장 생활을 하면서도 여전히 고전 작가들과의 대화를 통해 정치적 통찰을 얻고 있음을 풍자적으로 표현했습니다. 그는 현실의 불행을 지적인 유희로 바꾸며 지혜와 인내로 버텨냈습니다.

마키아벨리는 《군주론》에서 군주의 성공은 능력(비르투)과 운명(포르투나)의 조화에 달려 있다고 늘 강조했습니다. 그래서 그는 자신의 경험과 지혜를 녹여 《군주론》을 메디치 가문에 헌정했지만, 아이러니하게도 운명의 흐름은 그에게 냉혹했습니다. 그가 자랑스럽게 내놓은 《군주론》은 메디치 가문에 의해 외면당했고, 마키아벨리는 정치적 부활을 이루지 못했습니다. 비르투를 발휘했지만, 포르투나는 그를 외면했습니다. 천재적인 통찰을 지닌 그였지만, 결국 자신의 운명을 바꾸지 못한 채 1527년 쓸쓸하게 생을 마감합니다.

마키아벨리는 정치적으로 소외된 삶을 살았지만, 그의 사상은 시간이 지나면서 큰 영향을 미쳤습니다. 그는 1513년에 《군주론》을 작성했지만 생전에 출간되지 않았고, 사후 5년 후 1532년 친구 안토니오 블라도에 의해 로마에서 《군주론(Il Principe)》 초판이 발간되었습니다. 이를 통해 《군주론》은 공식적으로 세상에 알려졌고, 정치철학의 고전으로 자리 잡았습니다. 마키아벨리의 냉철한 권력 통찰은 마키아벨리즘이라는 용어를 낳으며 현대에도 여전히 큰 영향을 미치고 있습니다.

이 책을 읽으신 독자 여러분도 마키아벨리의 통찰의 지혜를 인생의 결정적인 순간에 응용하여 앞으로의 삶을 잘 헤쳐나가시길 기원합니다.

보고 듣고 알고 있는
모든 것을 의심하라

군주론 인생 공부

초판 1쇄 발행 2025년 1월 20일

원작 | **니콜로 마키아벨리**
지음 | **김태현**
편집 | **이정화**
기획 | **심유정 김민아**
디자인 | **이선영**
교정교열 | **김민정 김수하**
마케팅 | **이지영 김경민**
펴낸곳 | **파스칼(PASCAL)**
주소 | **서울시 용산구 원효로 162 세원빌딩 606호**
이메일 | **ritec1@naver.com**
ISBN | **979-11-86151-75-4 (03160)**

파스칼(PASCAL)은 리텍콘텐츠 출판사의 철학/인문 브랜드입니다.

상상력과 참신한 열정이 담긴 원고를 보내주세요. 책으로 만들어 드립니다.
원고투고: ritec1@naver.com